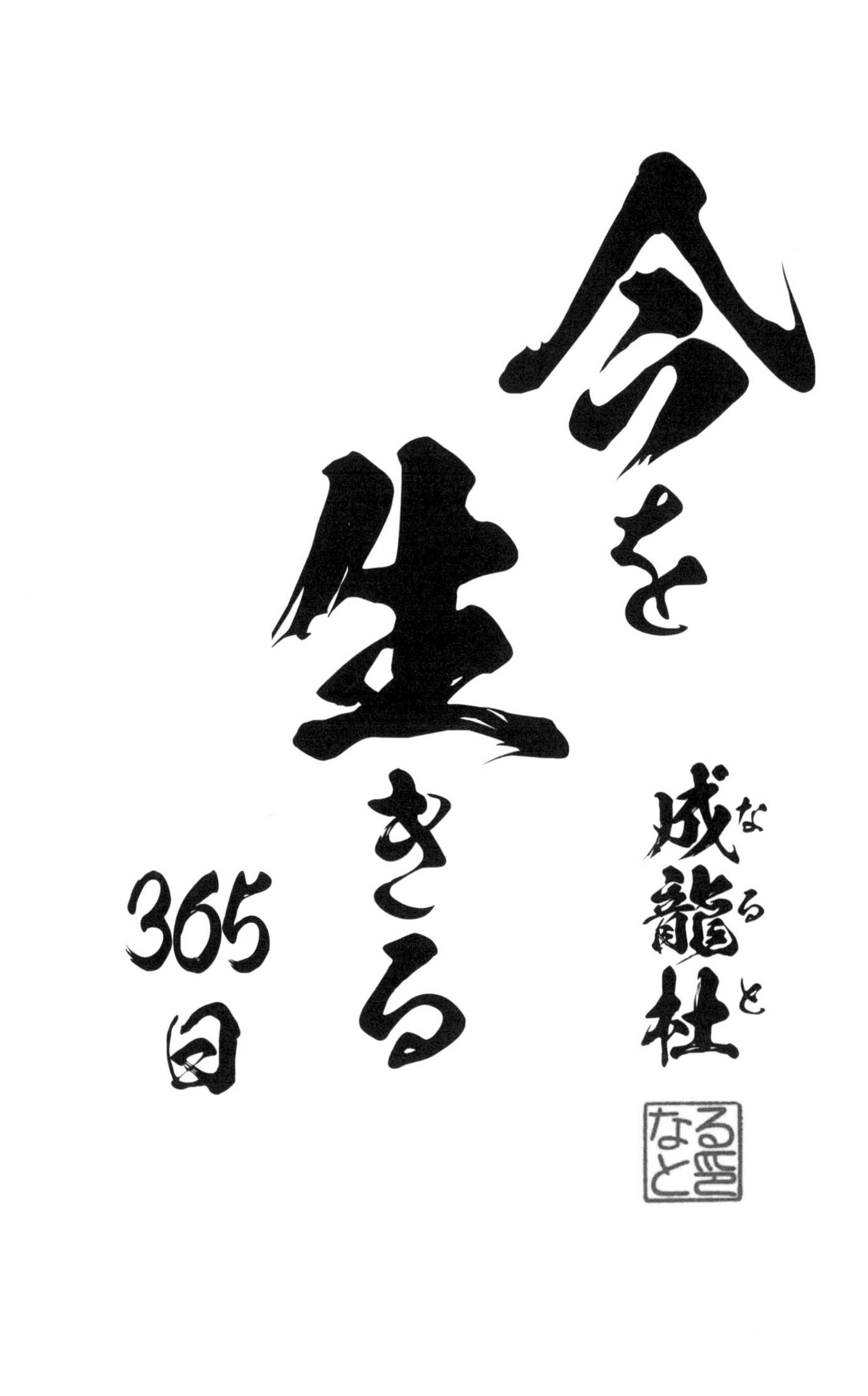

今を生きる365日

成《な》龍《る》杜《と》

はじめに

初めに言葉があった。宇宙の創生もこの世のすべても初めは言葉からでした。

言葉にはエネルギーが宿っており、良い言葉を使うことは良い未来を創ります。

『万葉集』でも、「大和（やまと）は言霊の幸ふ（さきわう）国」と表現されていますが、これは、日本が「言葉の霊力によって幸福をもたらす国」という意味です。

また、「引き寄せの法則」や「アファメーション」についても、言葉の力を使って、明るい未来や成功を呼び寄せるといった考え方を示したものです。

良い言葉や文字には、細胞や分子構造を変える力があるのです。

言霊の力は、光速を超え、次元を超え、思考を変え、意識を変えます。

そして、習慣を変え、現実を変え、運命も変えます。

だから、落ち込んだ時も、夢や希望を失っている時も、いつもと変わらない時も、幸せな時も、この本を手に取って、パラパラめくってくれたら幸いです。

きっと、その時に必要で最適な言葉が、あなたに気付きと勇気を与えてくれることでしょう。

成龍杜《なると》

宇宙の真理を
知ることは
世界を平和に
導くことだ

無いことに気付いた瞬間

全ては一つである

という在るに気付く

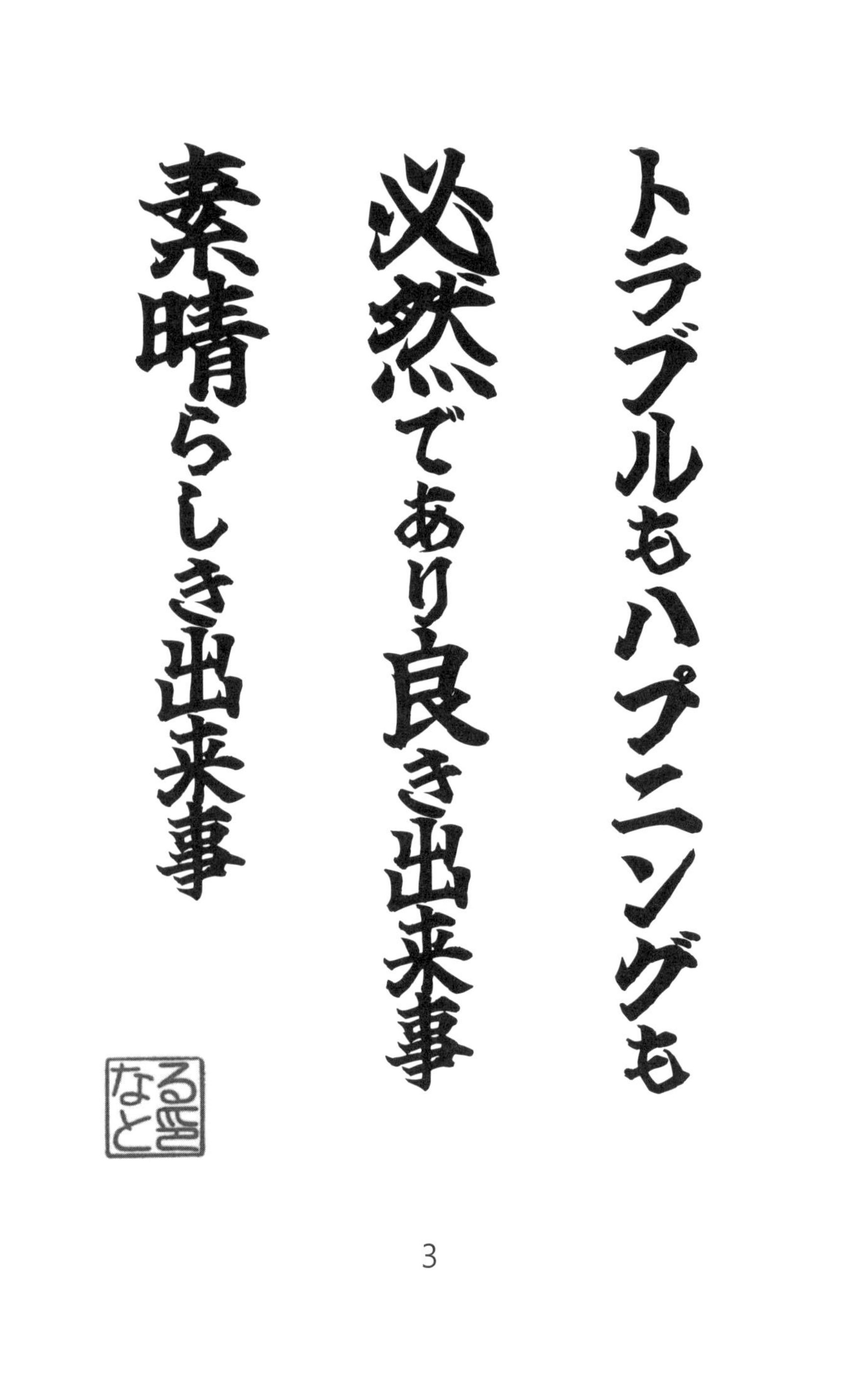

トラブルもハプニングも
必然であり良き出来事
素晴らしき出来事

一切合切
世の中の全ては
宇宙の法則と
人間の集合意識で
起きている

るなと

常識も世間体も
正義感も見栄も
プライドも
みんな手放したら
楽しいぞ？

誰からも
嫌われない人は
誰からも
好かれない人だ

る書
なと

観たものは想像を生む
想像は思考となる
思考は言葉を変える
言葉は習慣を変える
習慣は現実を変える
現実は運命を変える
運命は来世を変える

るみなと

背負わなくていいんだよ
気にしなくていいんだよ
周りと同じでなくていいんだよ
あなたはあなたの
人生を生きていいんだよ

正しいは一旦止まると書く
壁にぶち当たった時は
一旦立ち止まって
対案を探してみて！
きっと正解が降りてくる

るみなと

悲観を手放すと

幸福が手に入る

るみなと

問題解決を現実の世界に
求めようとした
すると問題なのは
己の心であることを知った

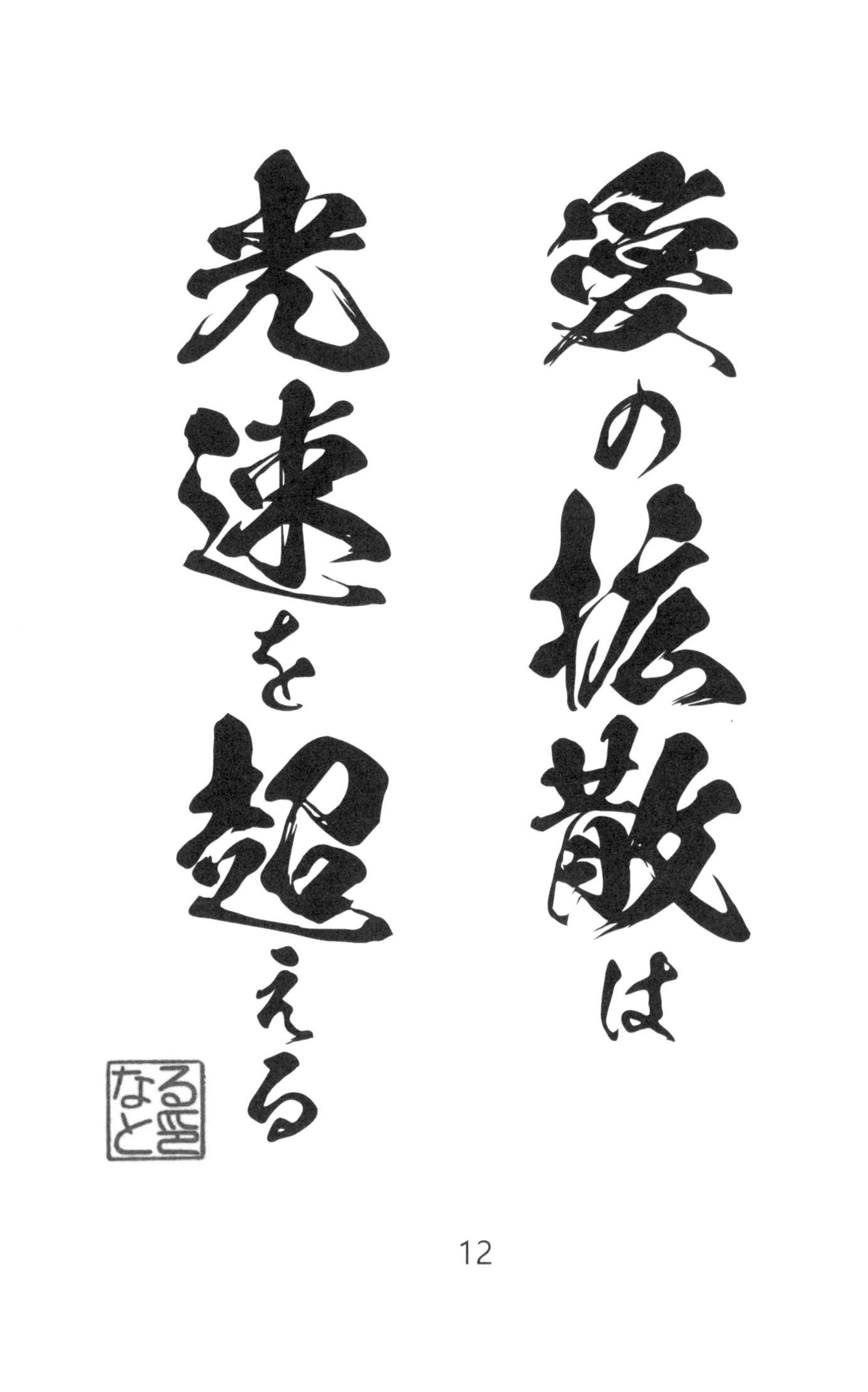

愛の拡散は
光速を超える

る
なと

水急不流月（すいきゅうにしてつきをながさず）

環境がどんなに激変しても自分の
信念さえしっかりしていれば、
環境に流されることはない。
自分の気持ちを大切にする。
周りに合わせすぎない。

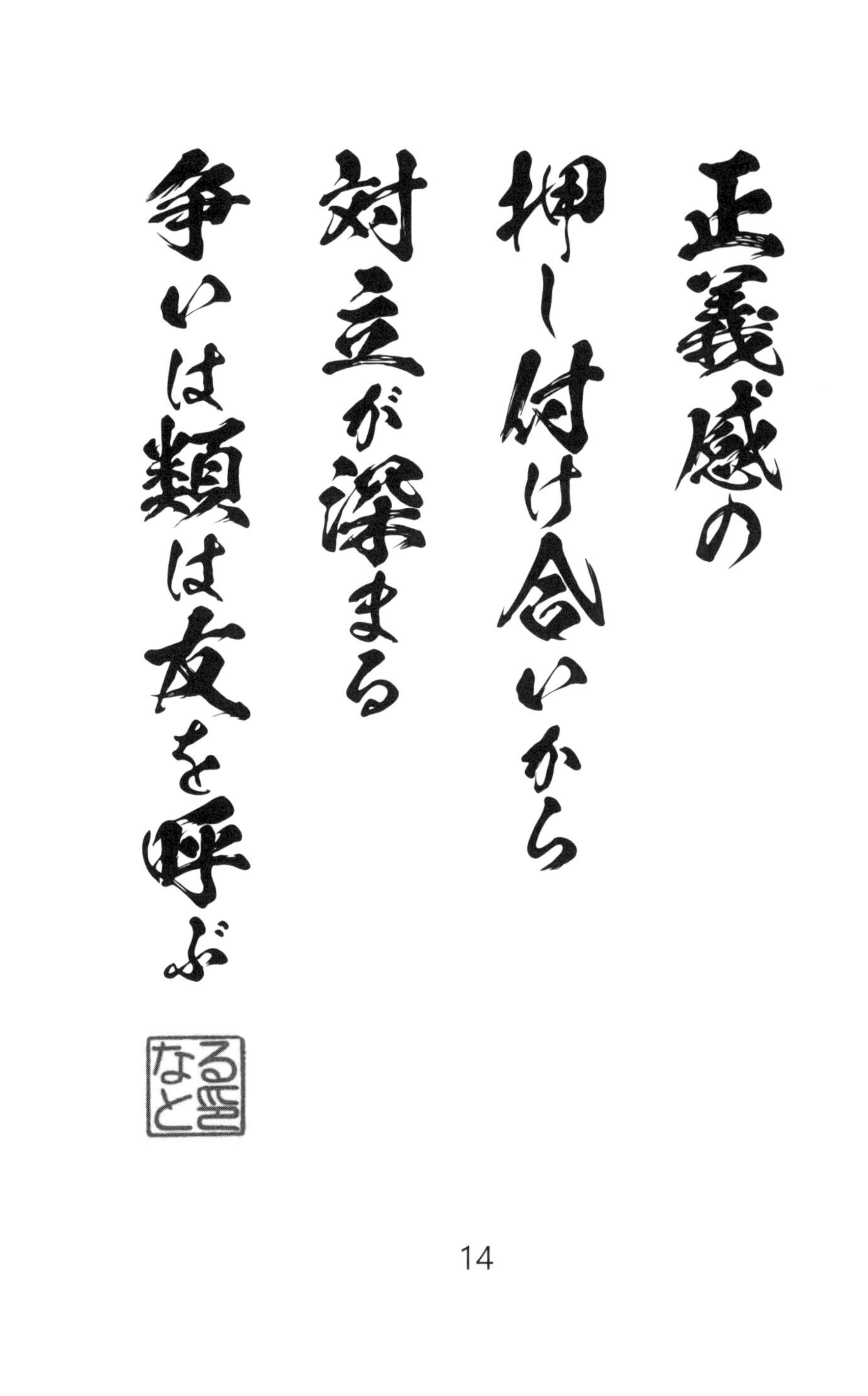

正義感の
押し付け合いから
対立が深まる
争いは類は友を呼ぶ

風の時代や
水瓶座の時代は
風の吹くまま
水流の赴くままに
身を任せて
成り行きで過ごす

人工知能の出現
により、人間は
より進化し、
より神化する。

必要なタイミングで
必要な人に出会い
必要なタイミングで
必要ない人と離れ
必要なタイミングで
必要な人と再開する
うまく出来ているんだなぁ

涅槃寂静（ねはんじゃくじょう）

魂の目的は、万物万象の法則性を見出し、過去と現在と未来の時空を超越し、現実と仮想を統合し、智慧を学び、正覚に至ること。

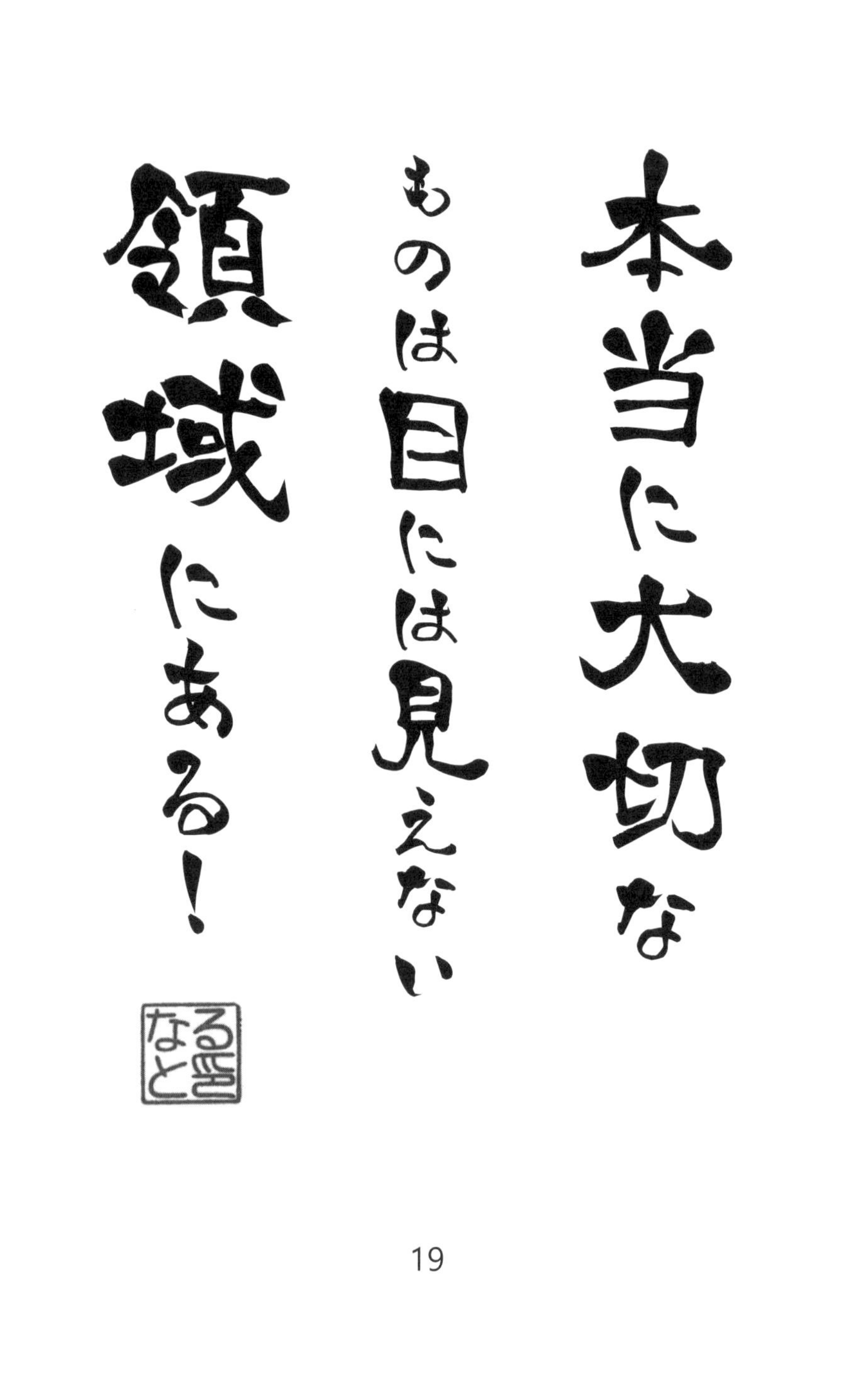

本当に大切な
ものは目には見えない
領域にある!

るなと

地球にある
3ツの制約
1ツは時間
2ツは重力
3ツは物質

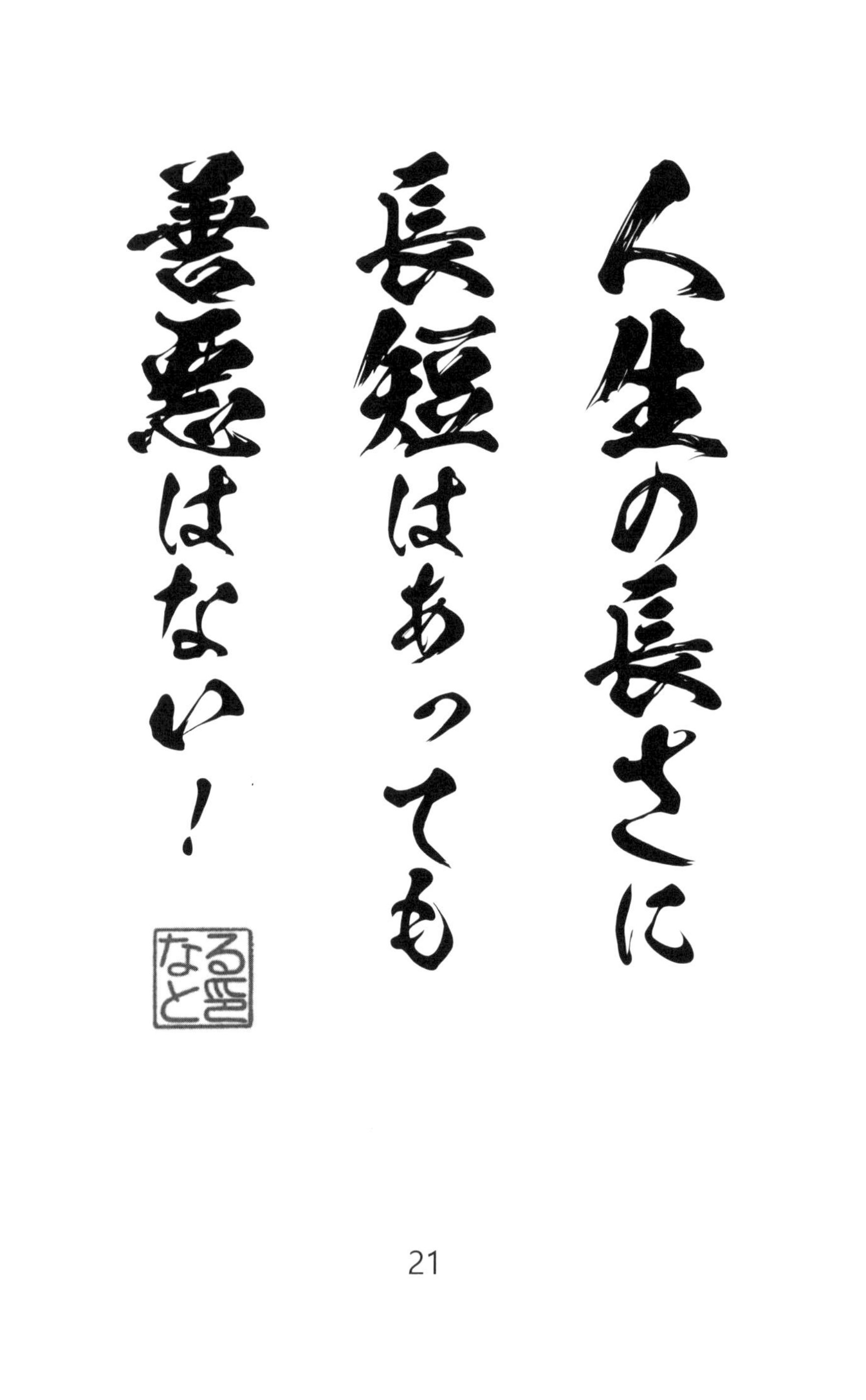

人生の長さに
長短はあっても
善悪はない！

る
なと

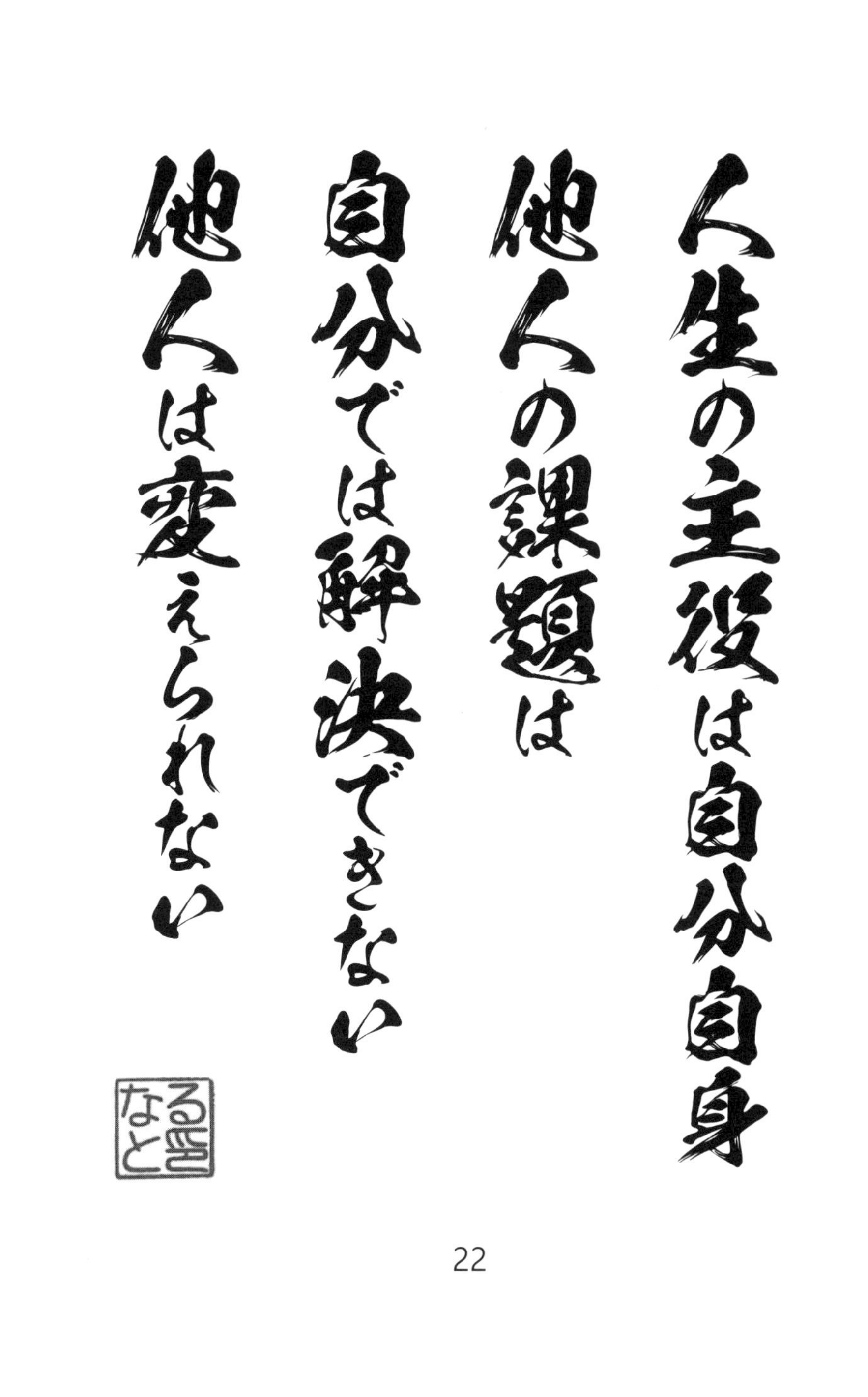

人生の主役は自分自身
他人の課題は
自分では解決できない
他人は変えられない

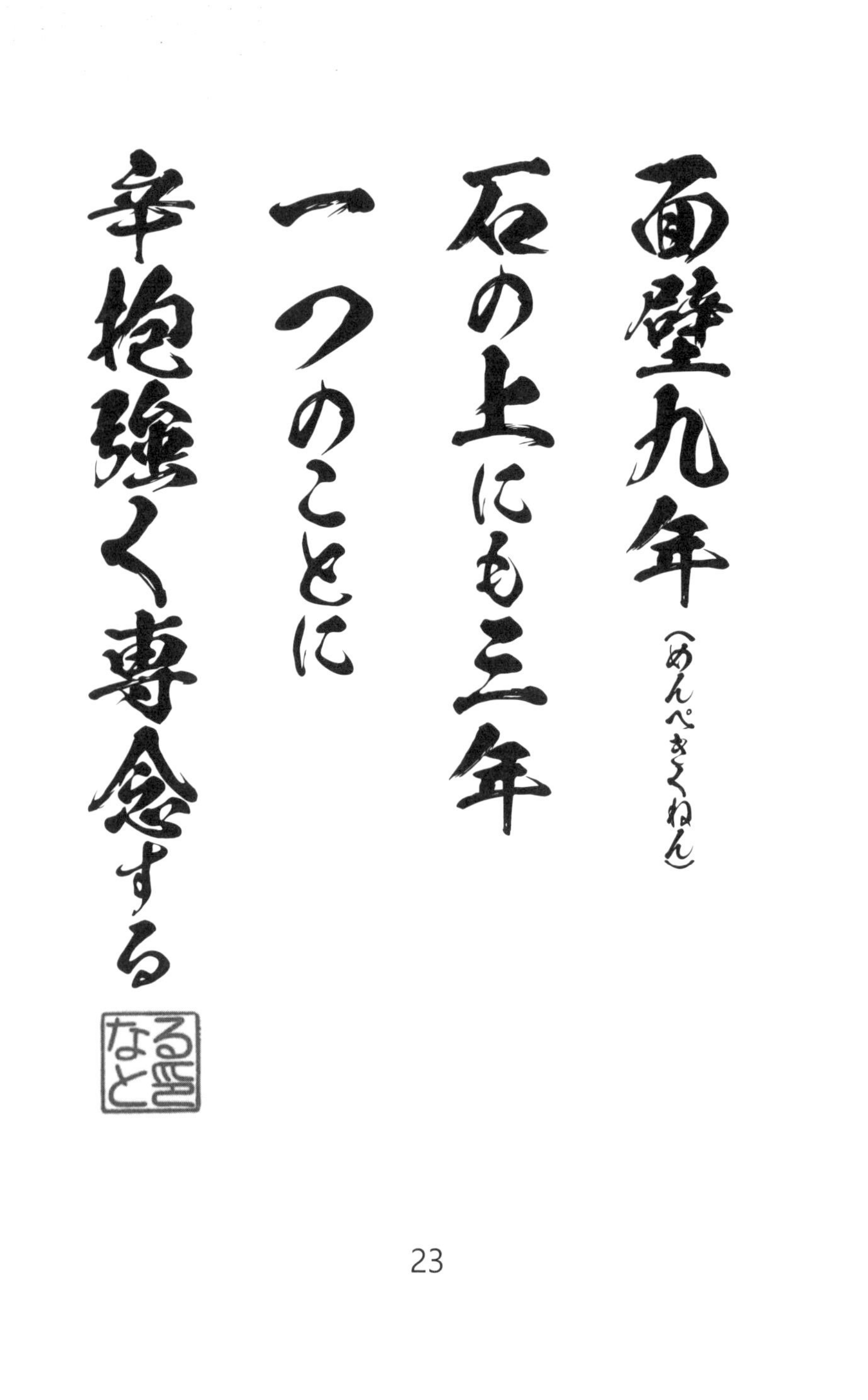

面壁九年（めんぺきくねん）
石の上にも三年
一つのことに
辛抱強く専念する

辞めた方が良い習慣5選

・夜更かしや寝不足
・食べ過ぎや間食
・お酒への依存
・ネットやスマホへの依存
・衝動買いや無駄使い

るきなと

苦楽一如（くらくいちにょ）

苦しみと楽しみは一つの如し
幸福も不幸もコインの表裏
どちらも存在し
どちらも移り変わるもの

るき
なと

天上天下唯我独尊（てんじょうてんげゆいがどくそん）

世界中で私のみが尊い。今ココに生まれてきた私が再び生きることはない。私は私でしかない。答えは全て私の心の中に在る。

色眼鏡で見ると世界は
全てが汚れて見えた
真実に気付くと眼鏡に
問題があることに気付いた

意識は
時空を
超える

善悪や正誤や上下を
ジャッジしなくなると
軽くなる
柔らかくなる
優しくなれる

勇気とは無謀と
臆病の中庸である
論理的な卓抜性
すなわち徳とは中庸である
何事もバランスが肝要
中道で生きる

る書
なと

言葉は現実をつくる
相手に言ったことは
自分に返ってくる
その言葉を投げ掛けた
相手は将来の自分自身

一刻千金（いっこくせんきん）
送る月日に関守（せきもり）なし
光陰矢の如し
少年老い易く
学成り難し
時の流れは止められない

自分に厳しく、他人にも厳しい人は、
みんなが疲れる。
自分に厳しく、他人に優しい人は、
自分が疲れる。
自分に優しく、他人に厳しい人は、
みんなに嫌われる。
だから、自分にも他人にも優しく、
共に学んでいこうよ。
その気持ちを忘れずに!

喫茶喫飯（きっさきっぱん）
無心になる
今に心を寄せて
今に心を集中させて
今の瞬間瞬間を
大切に生きる

るみなと

人工知能は
人間とは異なり
自由意志を持たない
ゆえに人生の体験を
味わえない

何かを手放せば
何かが手に入る
引き寄せが足りない人は
手放すことが足りない

緩急軽重（かんきゅうけいちょう）
難易軽重（なんいけいちょう）
優先順位を意識する
時間は使い方により
金にも鉛にもなる

自分の人生を生き
他人に干渉しない
気球の上から下界を
観るように俯瞰する
別世界を許容する

戦わずして人の兵を屈するは
善の善なる者なり
「無敵」とは強さにあらず、
一切の敵を作らないこと
他人との比較や競争は無意味

るみなと

記憶によって
好きと嫌いという幻を観て
法によって
善と悪という幻を観る
この世は空であり無である

るなと

小さな成功体験を
積み上げる
達成したら自分を褒める
少しずつ自分は
何でもできると
潜在意識に記憶させる

夢や希望は未来に創るもので
はなく、今ココで創るものだ
やる気の原動力や今の悦び
のために、今ココで創造する
気づくと想像を絶する今となる

お金持ちになれない人の特徴3選

・お金を意識し過ぎ

・お金を節約し過ぎ

・お金を悪く捉え過ぎ

るみなと

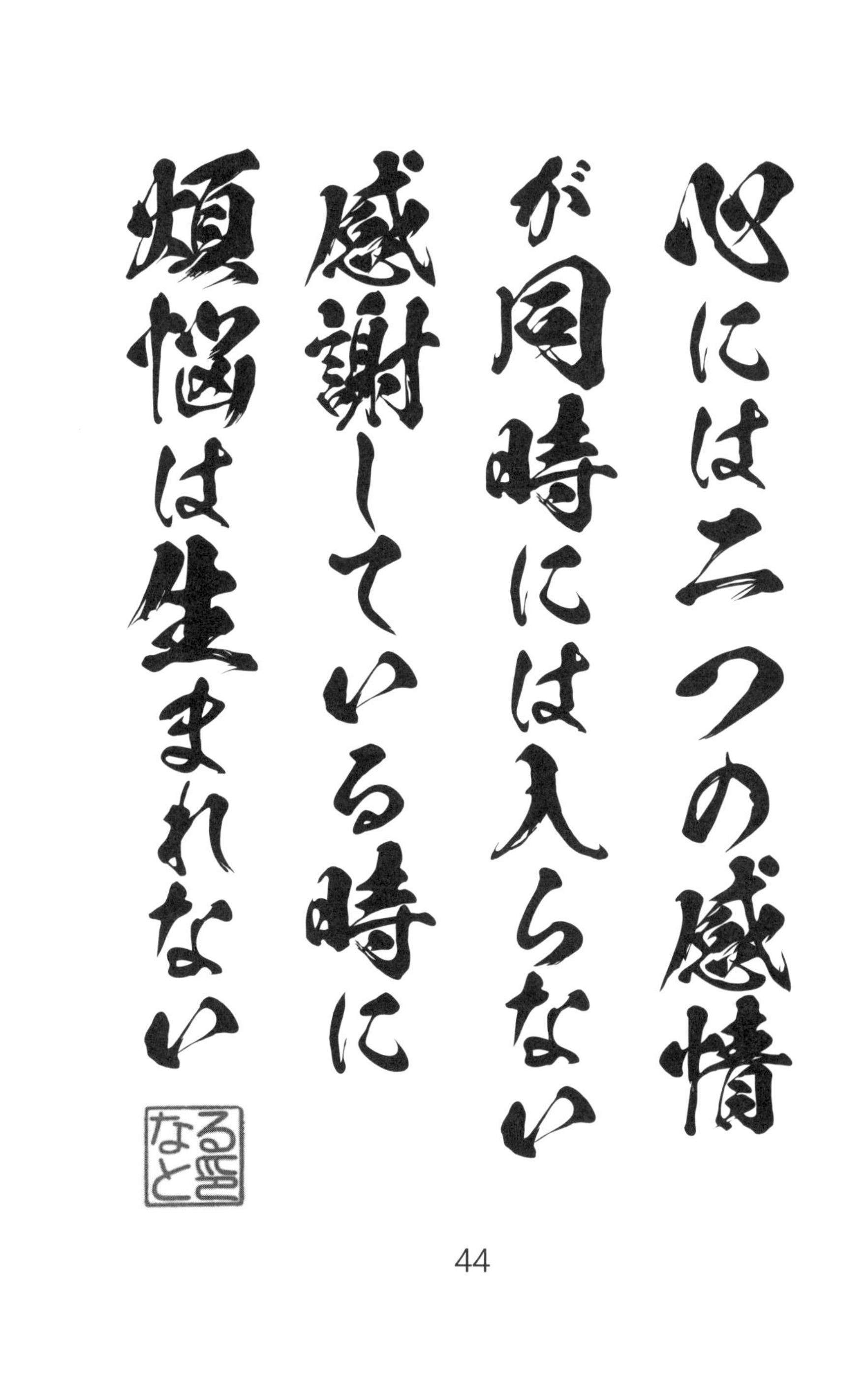

心には二つの感情
が同時には入らない
感謝している時に
煩悩は生まれない

鶏口牛後（けいこうぎゅうご）
小さな組織のトップに立てば
大きな組織の末端でいるよう
自分の信念を貫いて
重要な選択を決断できる

るきなと

強いも弱いも
好きも嫌いも
善も悪も無い
という真実に気付く

諦めはするが

妥協はしない

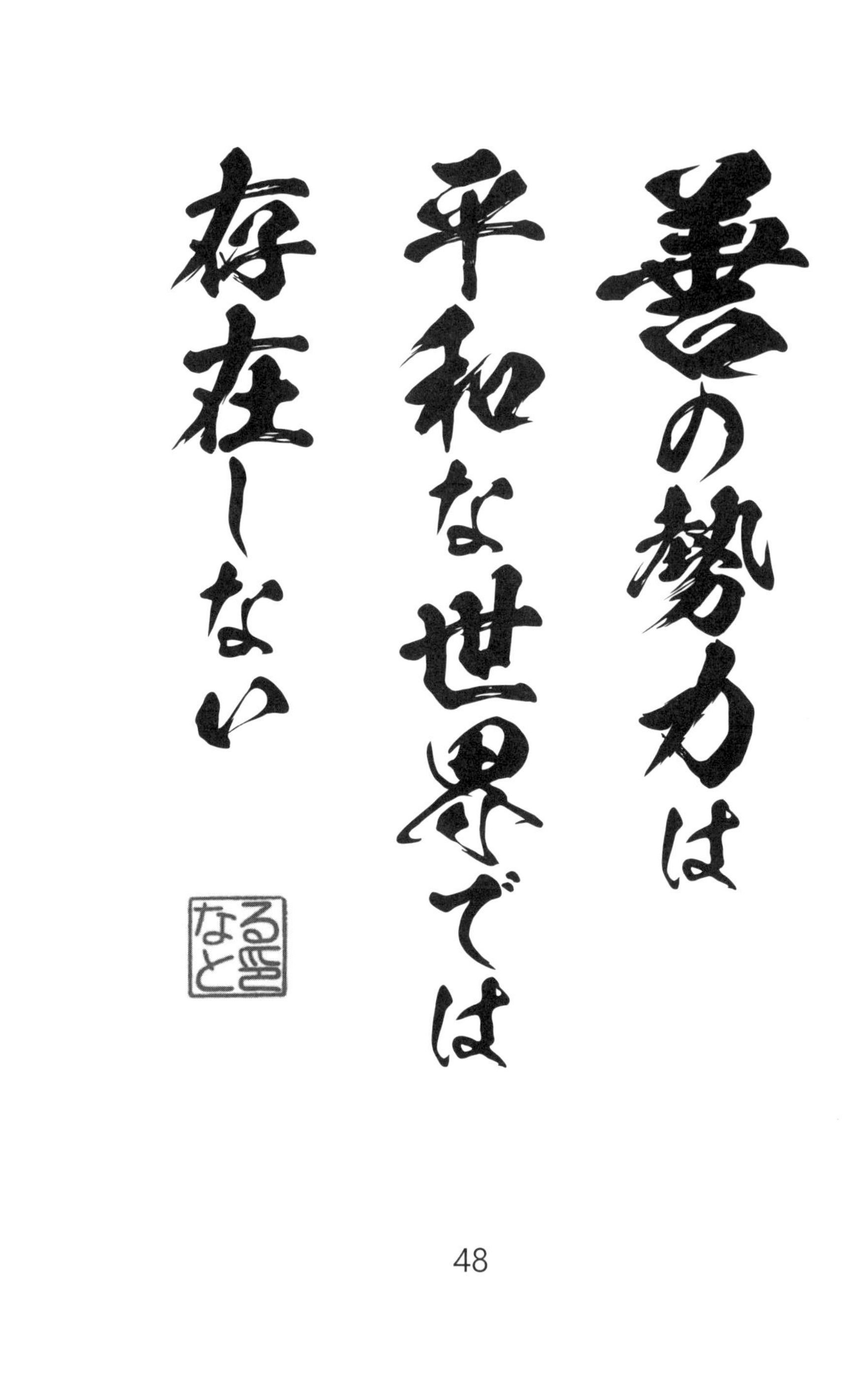

善の勢力は
平和な世界では
存在しない

夢を叶える人の
特徴3選

- 素直である
- 何度も挑戦する
- 成功イメージが出来ている

るなと

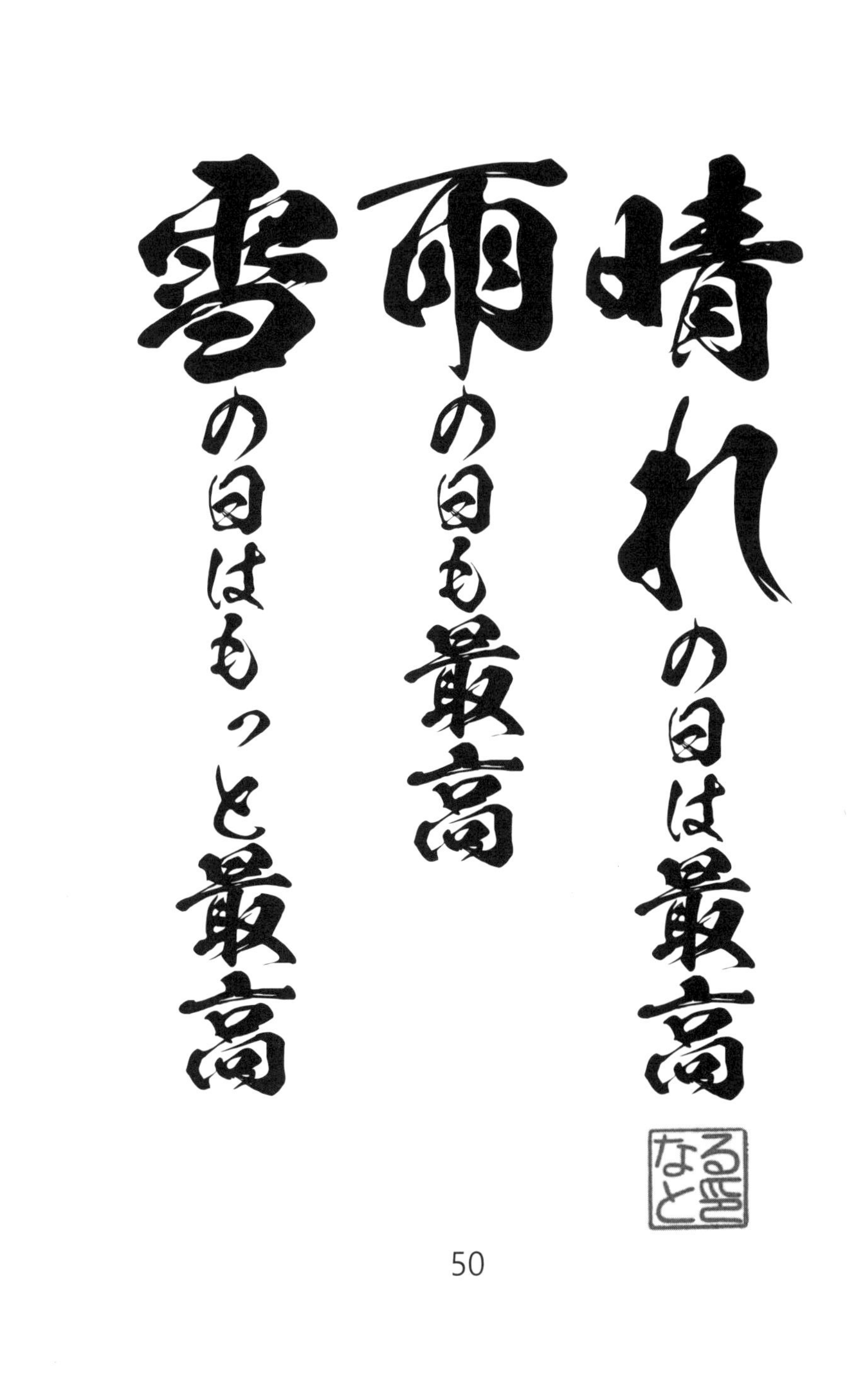

晴れの日は最高

雨の日も最高

雪の日はもっと最高

意識のフォーカスを
自分自身に向ける
自分自身を磨く事に
専念する

日常は無常である。
安定や一定は
どこにもない。
素粒子は
常に揺らいでいる。
無常の世界を生きる。

るみ
なと

自分が自分を
信じないで
一体だれが
信じるというのよ?

艱難辛苦（かんなんしんく）
千辛万苦（せんしんばんく）
四面楚歌（しめんそか）
臥薪嘗胆（がしんしょうたん）
試練は苦しむためでなく
学びのために与えられる

るみなと

あなたの未来は無限に続く不連続の今の決断によって決まる

その真理に気付いたあなたは、望んだ未来を創造できる

人間関係のすれ違い3選

・分かり合える
と思っていたら違っていた

・信頼できる
と思っていたら違っていた

・全部好きだ
と思っていたら違っていた

選択というのは
過去ではなく
常に今に与えられている
一瞬一瞬の選択を
捨てるも自由　選ぶも自由

るみなと

相手の為と思い
自分が我慢をすると
人間関係はより
悪化してしまう

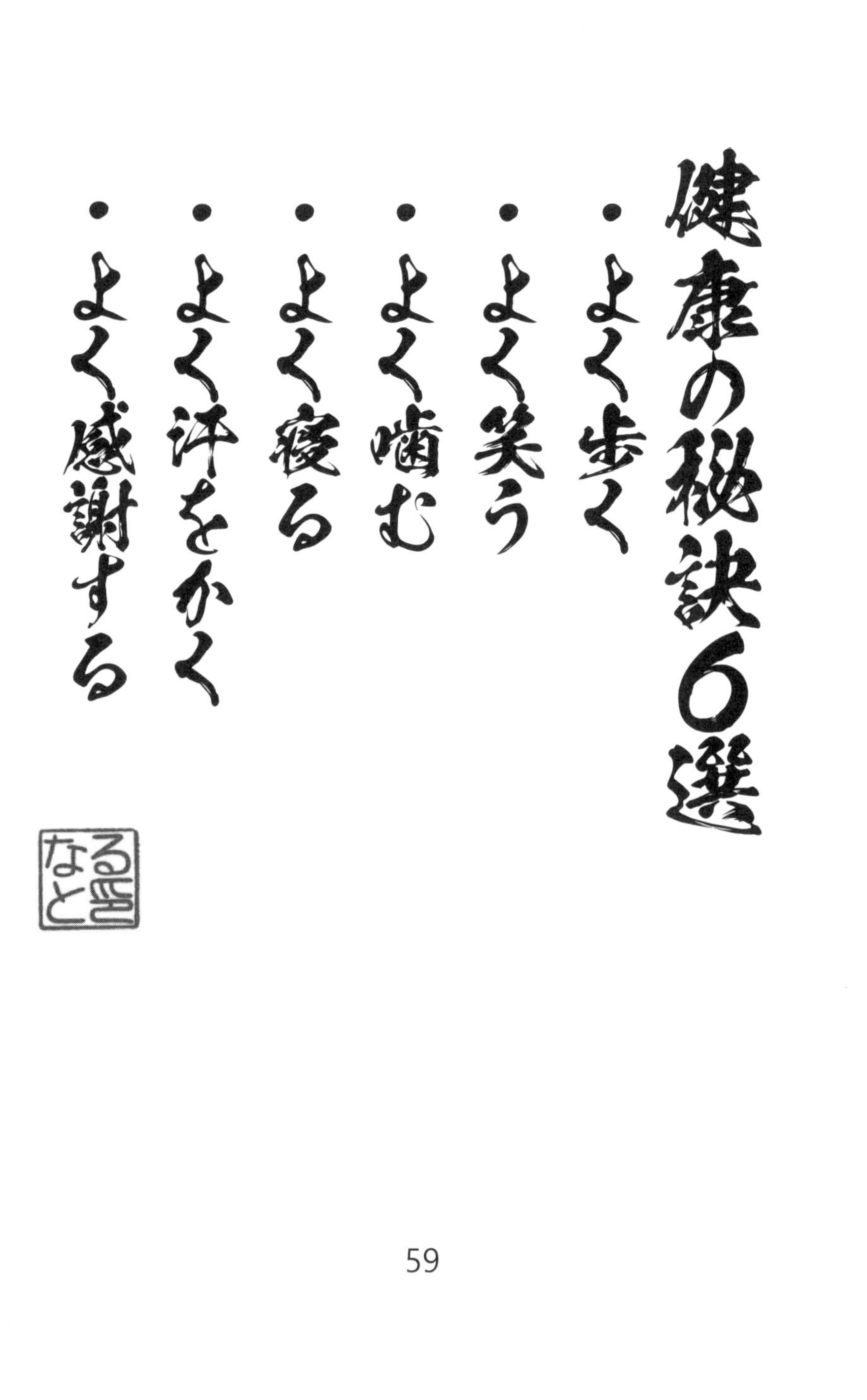

健康の秘訣6選

- よく歩く
- よく笑う
- よく噛む
- よく寝る
- よく汗をかく
- よく感謝する

部屋が整っていないと
心のゆとりが
生まれない
部屋の状態は
心の状態だよ

この一瞬は
君に今
贈られている

る書
なと

大いなる神の想い
大宇宙の意思
自然の恵みを人々が
受け取り皆仲良くする

最悪を想定し
最善を尽くし
準備を怠らず
楽観に判断し
中今で行動す

すでにあなたは
存在自体が誰かの
役に立っている

虚心坦懐（きょしんたんかい）

明鏡止水（めいきょうしすい）

泰然自若（たいぜんじじゃく）

偏見を持たない

差別をしない

るみなと

自由も幸福も好きも嫌いも、
他人に求めるものじゃない。
社会がくれるものじゃない。
将来のために今を犠牲にする？
いや、将来のために今を楽しむ
なんじゃない⁉

るなと

恐れることは何もない
全ては必然であり学び
他人を責める
必要もない

ごめんなさい
許してください
ありがとうございます
感謝します
大好きです
愛しています

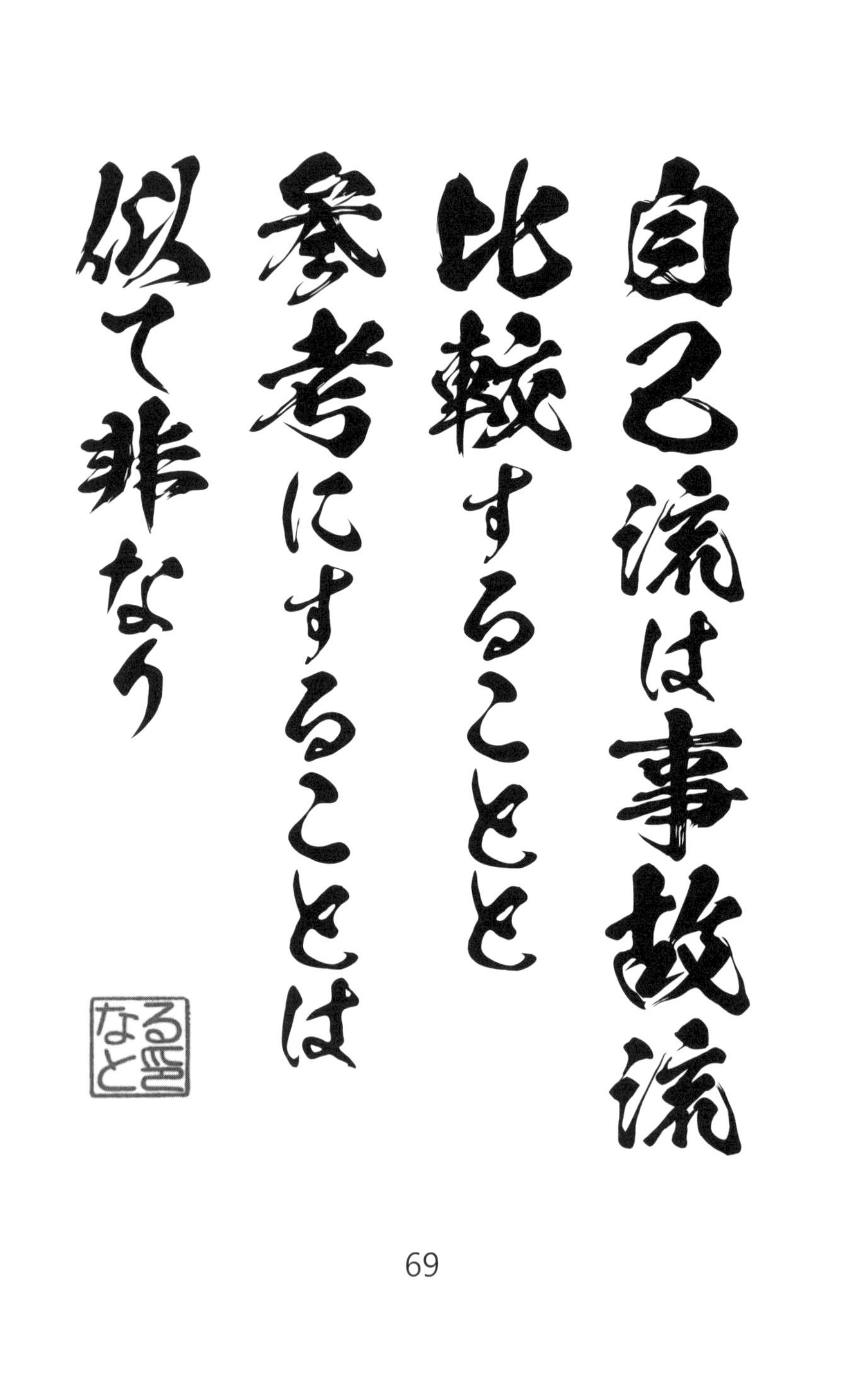

自己流は事故流
比較することと
参考にすることは
似て非なり

未熟でいい！
不完全でいい！
失敗していい！
成長に意味がある

るみなと

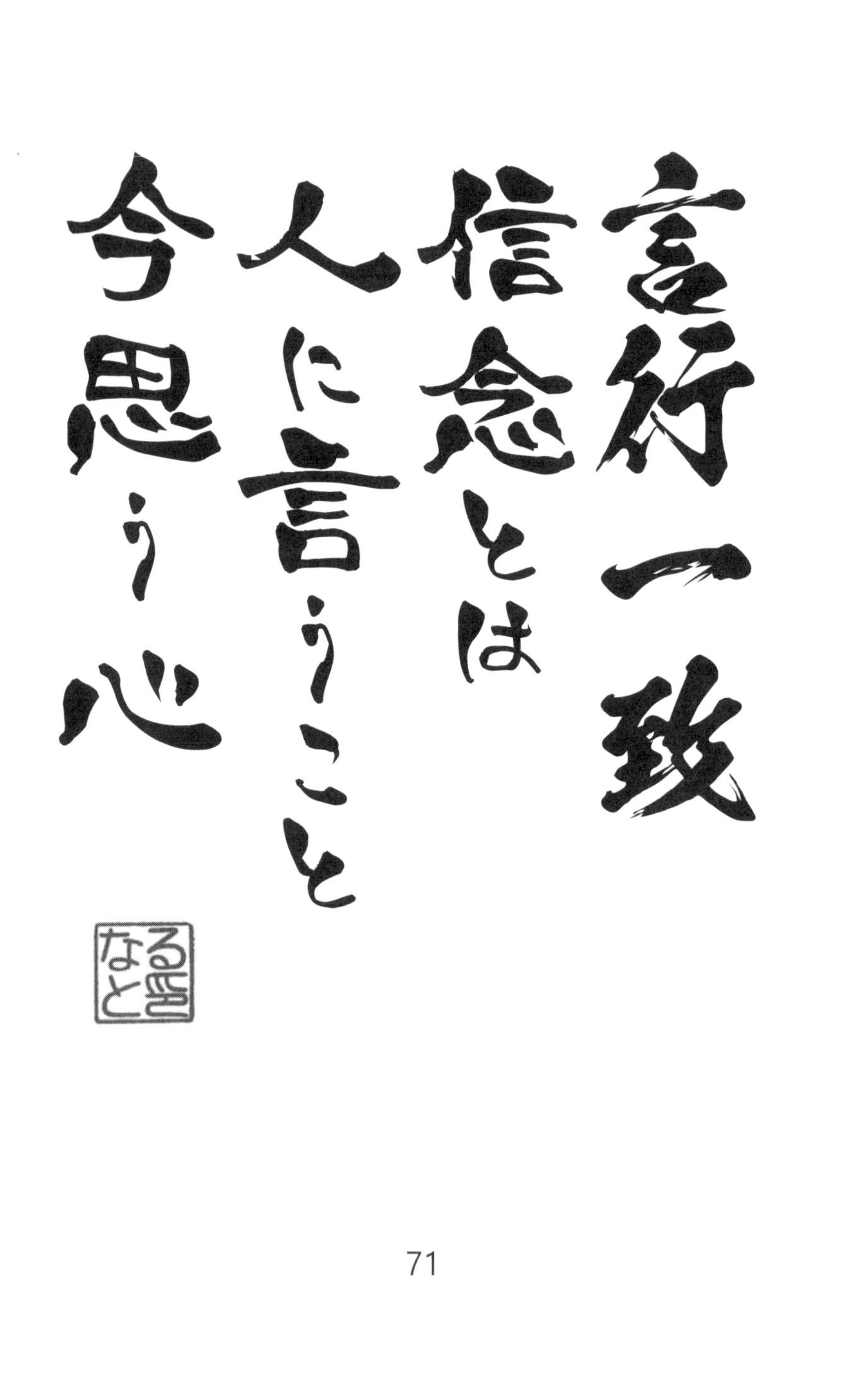

言行一致

信念とは

人に言うことと

今思う心

諦観（ていかん）し見極める
達観し喜怒哀楽を超越する
心眼で真理を観る
信念で道理を観る
慧眼で本質を見抜く
直感で事態を察する

るなと

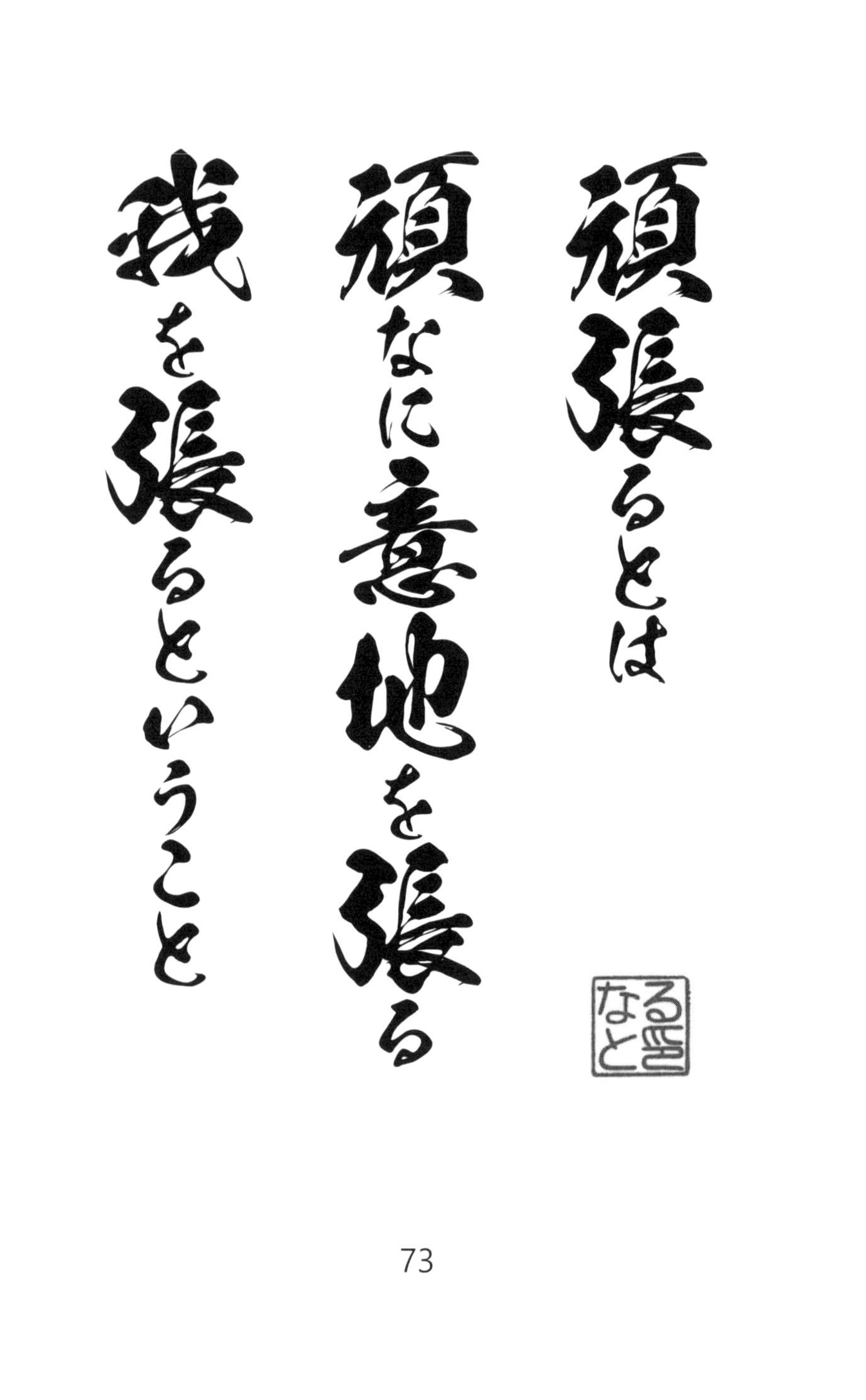

頑張るとは
頑なに意地を張る
我を張るということ

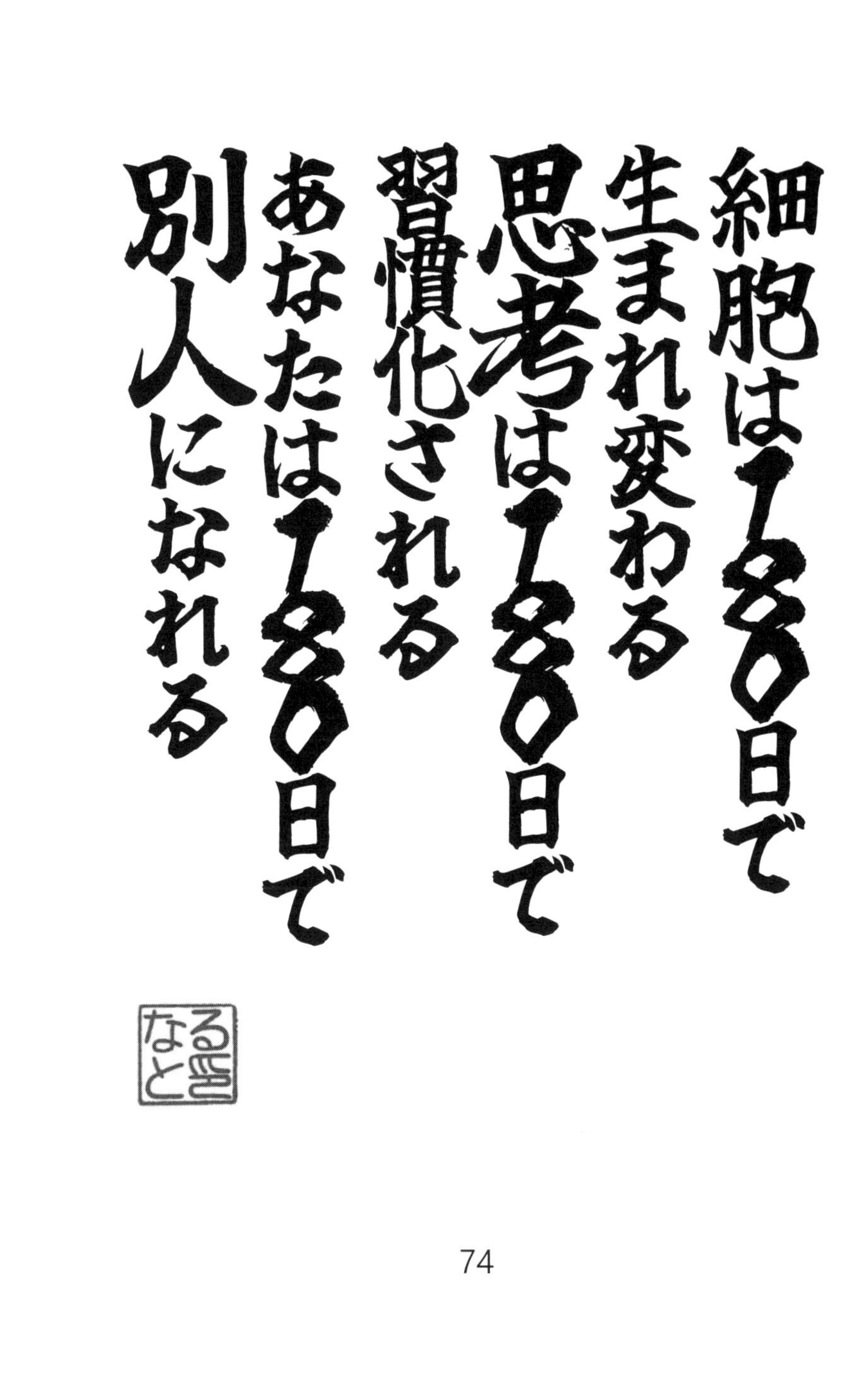

細胞は180日で
生まれ変わる
思考は180日で
習慣化される
あなたは180日で
別人になれる

過去を思い出して
なみだを流したり
未来を想像して
ワクワクしているとき、
意識は過去や未来に
タイムトラベルしている

視点を変える
心配事を手放す
とことん自分に問いただす
すると真実が見えてくる

世の中の評価は
一定ではない
変わりゆくから
絶対的な価値なんて
存在しない！

日日是好日（にちにちこれこうじつ）
毎日が素晴らしい
良し悪しというのはない
一喜一憂することは無用
常に今この時を大切にする

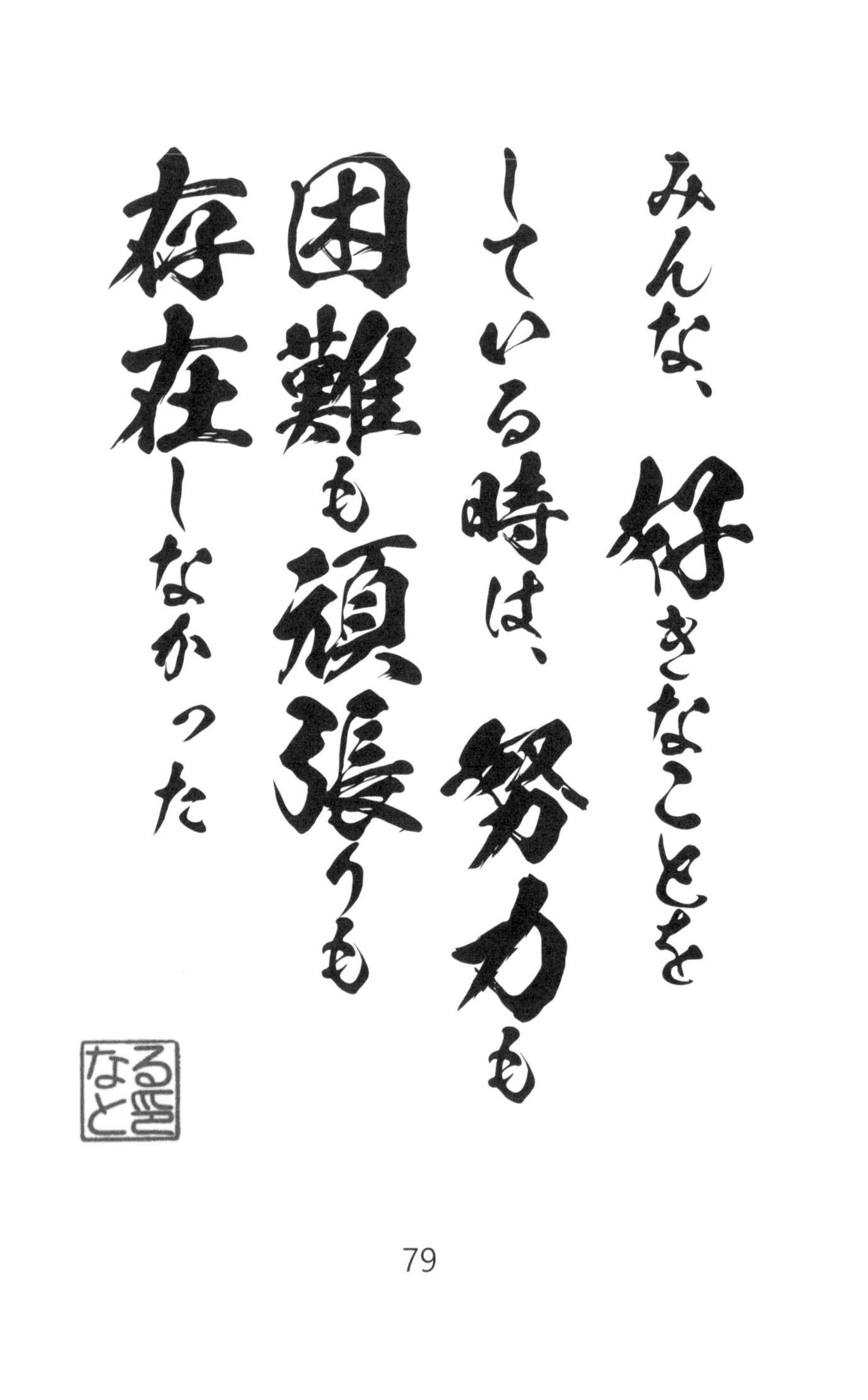

みんな、好きなことを
している時は、努力も
困難も頑張りも
存在しなかった

るなと

学びて思わざれば則ち罔（くら）し
思いて学ばざれば則ち殆（あやう）し
学ぶだけで自分なりに考えて
理解しなければ何も身に付かない
しかしその逆は、独断偏向に陥る
広く学び、自分で考えることが大切

素敵の語源は素晴らし
すぎて敵わない
素晴らしいの語源は
素のままで晴れている
だから、素のままのあなたは
誰にも適わない！

る
なと

お金が入らない人が解除すべきブロック4選

- 不安のブロック
- 嫉妬のブロック
- 不明確のブロック
- 悪いイメージのブロック

人生は自分が
主人公！
自分の時間を
生きると笑顔が増える

るみなと

人の死亡率は100%
生まれた瞬間から
人は死に向かっていく
魂は永遠不滅ゆえに
何も恐れることはない

るみなと

前後裁断（ぜんごさいだん）
刹那生滅（せつなしょうめつ）
吾我（ごが）を忘れ、過去を悔
やむことなく、未来を案ず
ることなく、今、なすべき
ことに全力を尽くすべし

息は自分の心と書く
息を閉じ込めることは
自分の自由な心を
閉じ込めること

る
なと

和而不同（わじふどう）

和して同ぜず

協調と同調は似て非なり

争わず自分の意見は守る

志を持ち、むやみに同調しない

お金はエネルギー
循環せずに停滞させると
エネルギーが低下する
心配するとその世界を
引き寄せる
お金は感謝の対価

るなと

他人や過去を変えること
はできないし、変えようとも
思わない。なぜなら人生で
変えることができるのは
自分と未来だけだから。

魂が美しい人は
魂から放たれる
エネルギーやオーラが
清く美しく強い人である
周りを元気にさせ、
満足感で満ちている

結果が出ない
時こそ自分の
能力を高める
チャンスだ！

るきなと

お金が入ってくる
人の習慣

るなと

- お金の悪口を言わない
- お金を流すことを考える
- 消費でなく投資に向ける

天気も変わる
考えも変わる
言葉も変わる
性格も変わる
過去も現在も未来も
変わるのだから仕方がない

之《これ》を導くに政《せい》を以《もっ》てし、之を斉《ととの》うるに刑を以てすれば、民《たみ》免《まぬが》れて恥無し

国民を正しく導くためには政治や法ではなく道徳や礼をもって行うべき

ウォーキングは
歩く瞑想
無心で歩くだけで
悩みが解消される

やりたいことが見つからない

人が取り組むべき事3選

・いろいろチャレンジする

・過去夢中になったことを書き出す

・探し続けて考え続ける

すべての
出来事は
学びに繋がる

るみなと

赤ちゃんは一日に
400回も笑う
大人は一日に
15回しか笑わない
笑いも不安も感謝も
伝播するのよ

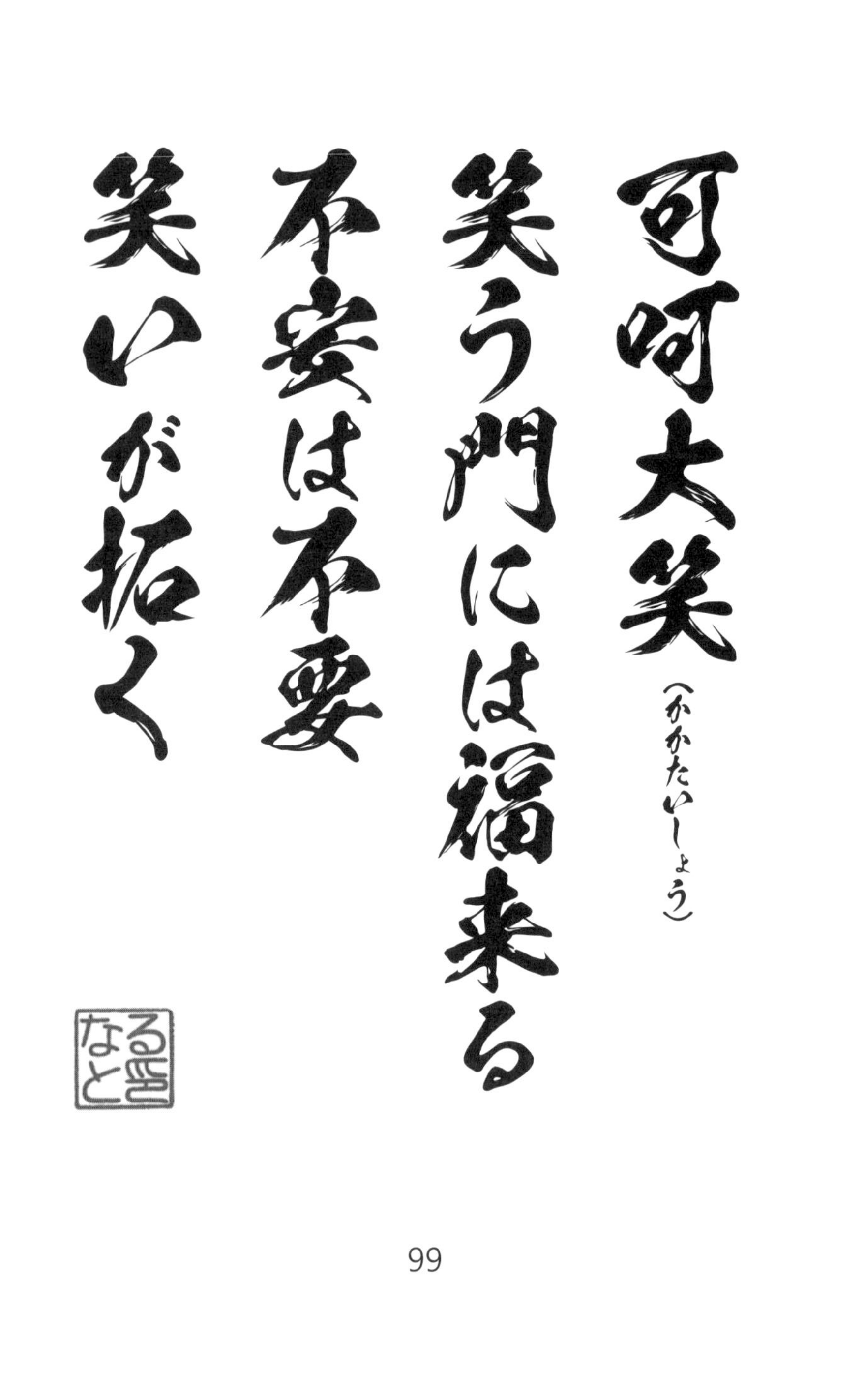

可呵大笑（かかたいしょう）
笑う門には福来る
不安は不要
笑いが拓く

選択の意味
選択の価値
選択の重さ
を知ると
自分軸が育つ

るみなと

陰と陽は綱引きをする
互いにバランスを保ち
全体を均衡させる力が働く

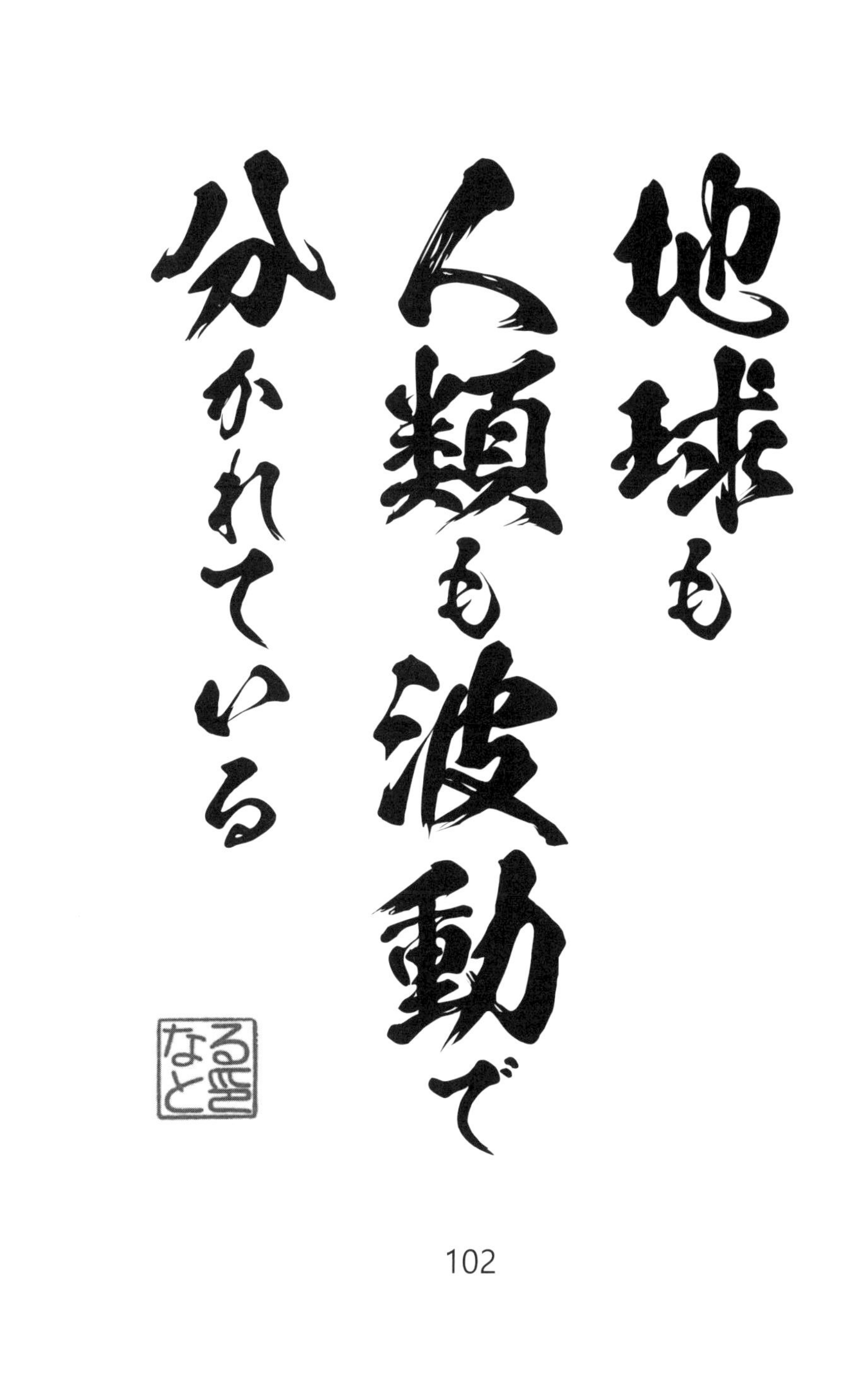

地球も
人類も波動で
分かれている

るなと

自分を好きになる捉え方3選

・小さな目標と達成を繰り返す

・ありのままの自分を受け入れる

・良い点のみをノートに書き出す

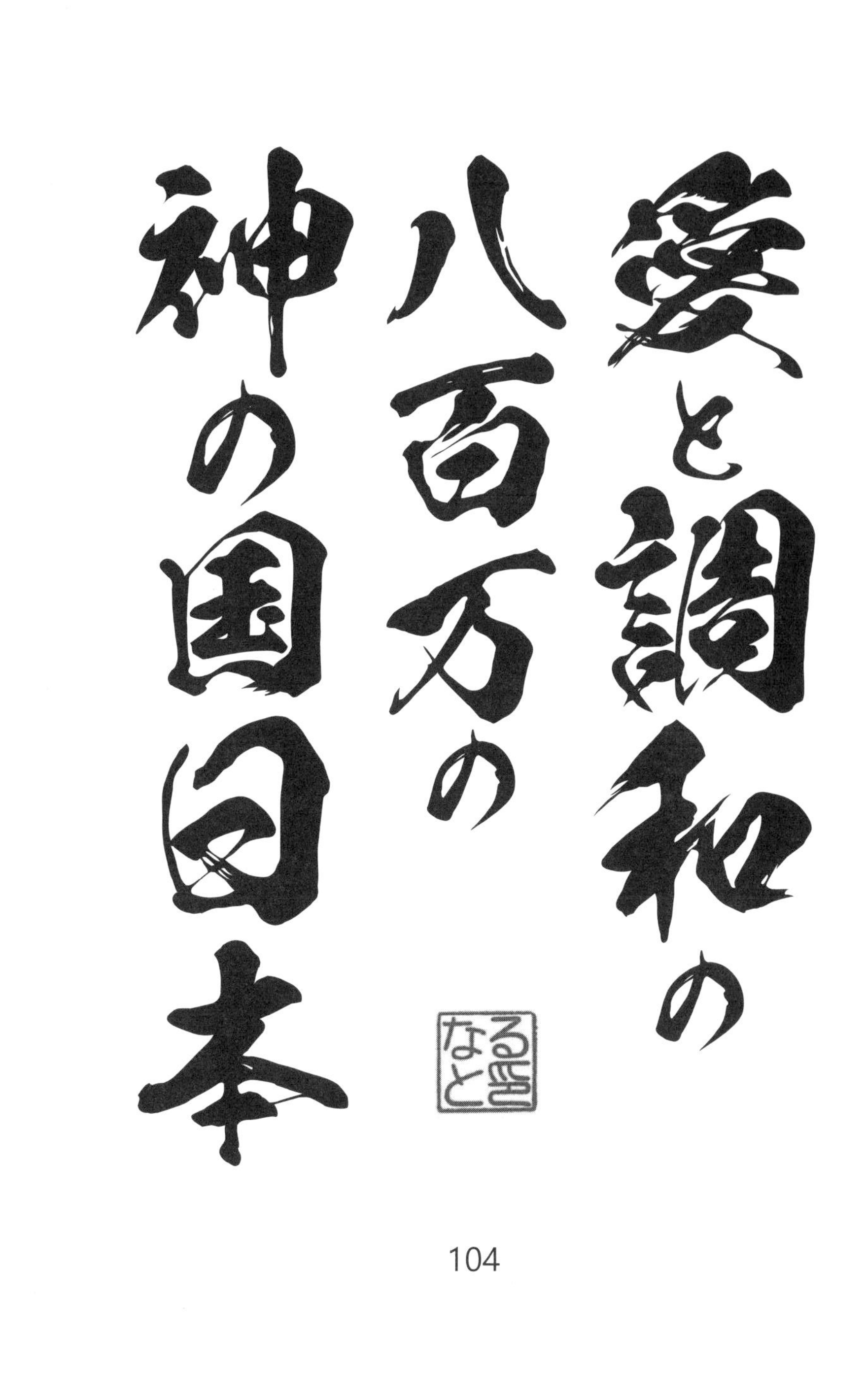

愛と調和の
八百万の
神の国日本

魂は死期を知っている
だから死を恐れても
無駄なのよ!

放下着（ほうげちゃく）

おすすめの断捨離4選

・いま使っていないもの

・ニュース

・地位、名誉、名声

・過去の失敗

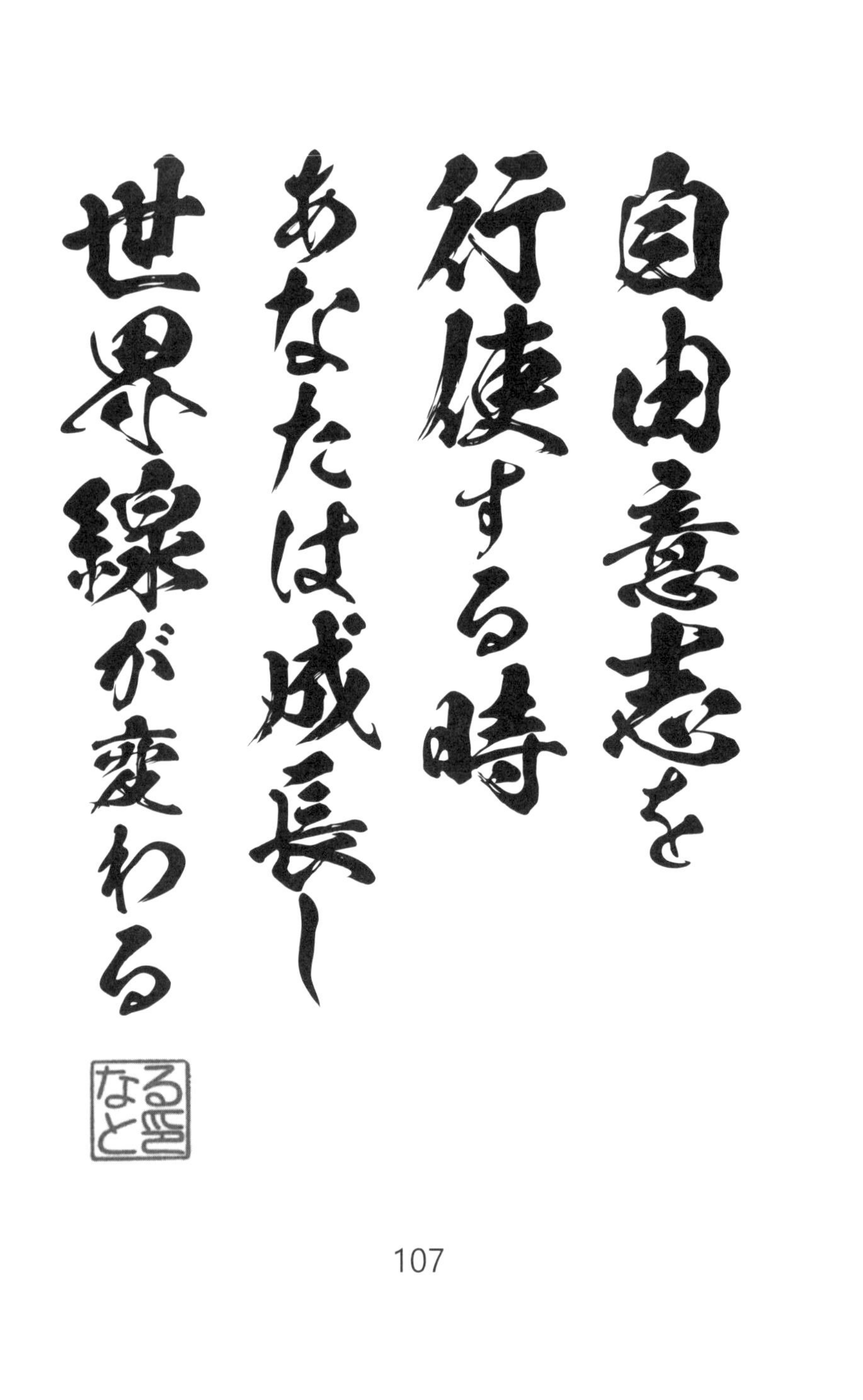

自由意志を
行使する時
あなたは成長し
世界線が変わる

るなと

価値観も大切
距離感も大切
ほどほどが大切
過ぎたるは猶（なお）
及ばざるが如し

潜在意識を利用し願いを引き寄せ成功に導くためのコツ4選

- 信頼し問いかけ続ける
- 断定的な言葉を口にする
- 願望や感謝をノートに書き出す
- すぐに実現しないことを認める

今が幸せ
未来はもっと幸せ
希望に満ちている

るみなと

あなたの常識は
他人にとって非常識
ってこともある

るきなと

必要で大切なことは
もう君の手の中にある。
後は君が気付くか
どうかだ。答えを外に
求めなくていい。

自分が放つ幸せなフォトン
である光の素粒子は
自分の意識で
質も量も変えられる

諦める、離れる
捨てる、手放す
どれも立派な
チャレンジだ

先んずれば人を制す
誰かがやったから
自分がやるのではなく
自分からやる事に意味がある

想像することを忘れない！
あなたの
思考や想像が
未来からの
プレゼント

る[illegible]なと

朝活の効果4選

- 能率が上がる
- 気分が前向きになる
- 時間を有効に使える
- 生活リズムが整う

幸福は今ここに
しかない
魂は今ここに
しかない

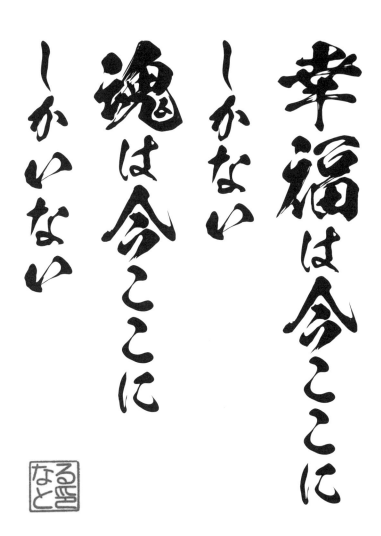

変えられるのは
自分と今だけ
他人と過去は
変えられない
そう思えれば自ずと
やることは一つなんだよなぁ

物事の良し悪しは
受け止め方
によって変わる

感謝は幸と不幸の分岐点
感謝は無限の幸せエネルギー
「ありがとう」は神様の波動
に近づくおまじない
神様からのプレゼントを受け
取る合言葉は「ありがとう」

大丈夫！
守護霊と指導霊と
近親霊、三人の
味方がついている。

るみ
なと

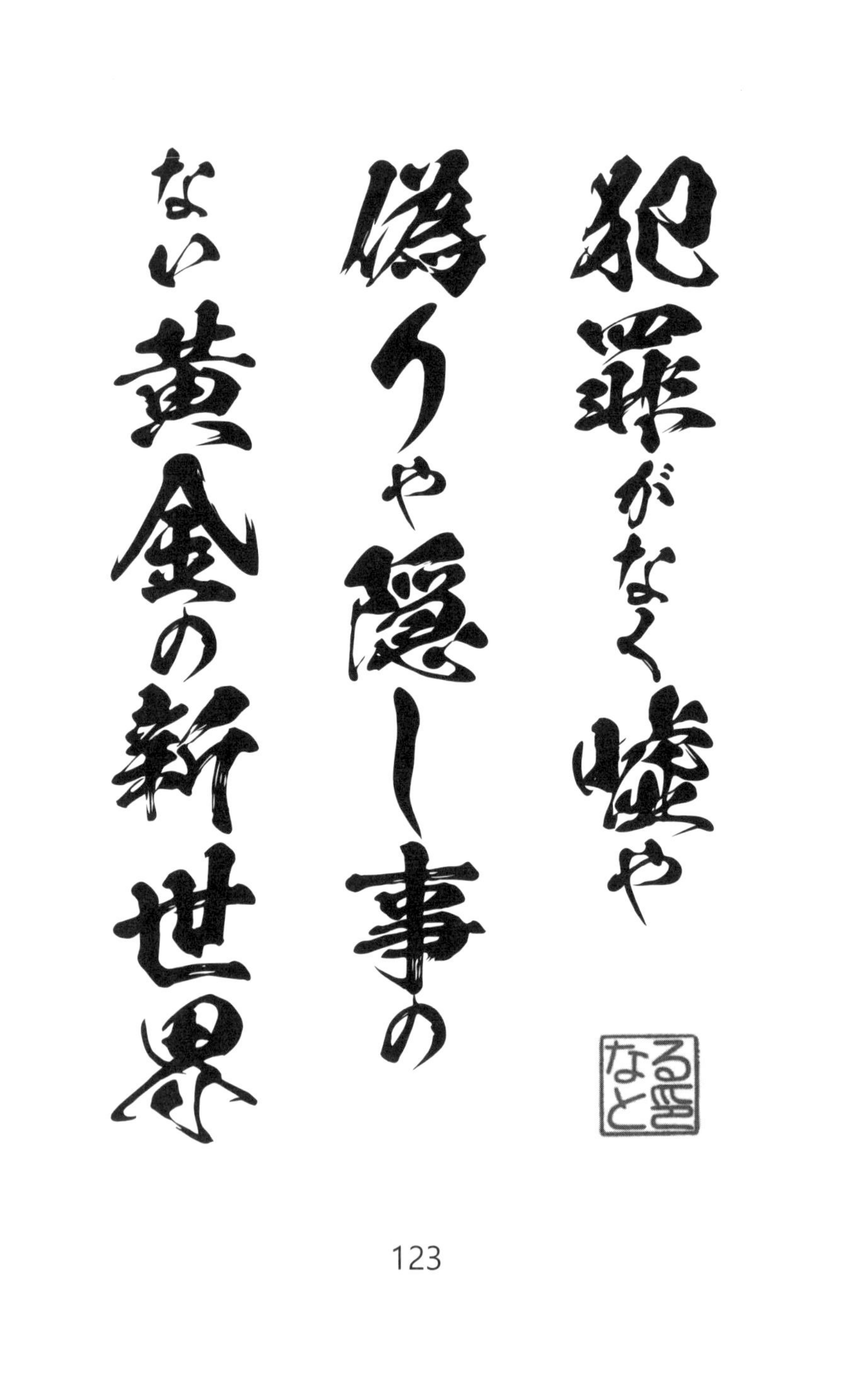

犯罪がなく嘘や
偽りや隠し事の
ない黄金の新世界

今すぐ辞めると楽になる考え方３選

・絶対に…思ってはいけない

・絶対に…してはいけない

・絶対に…理由がなくてはいけない

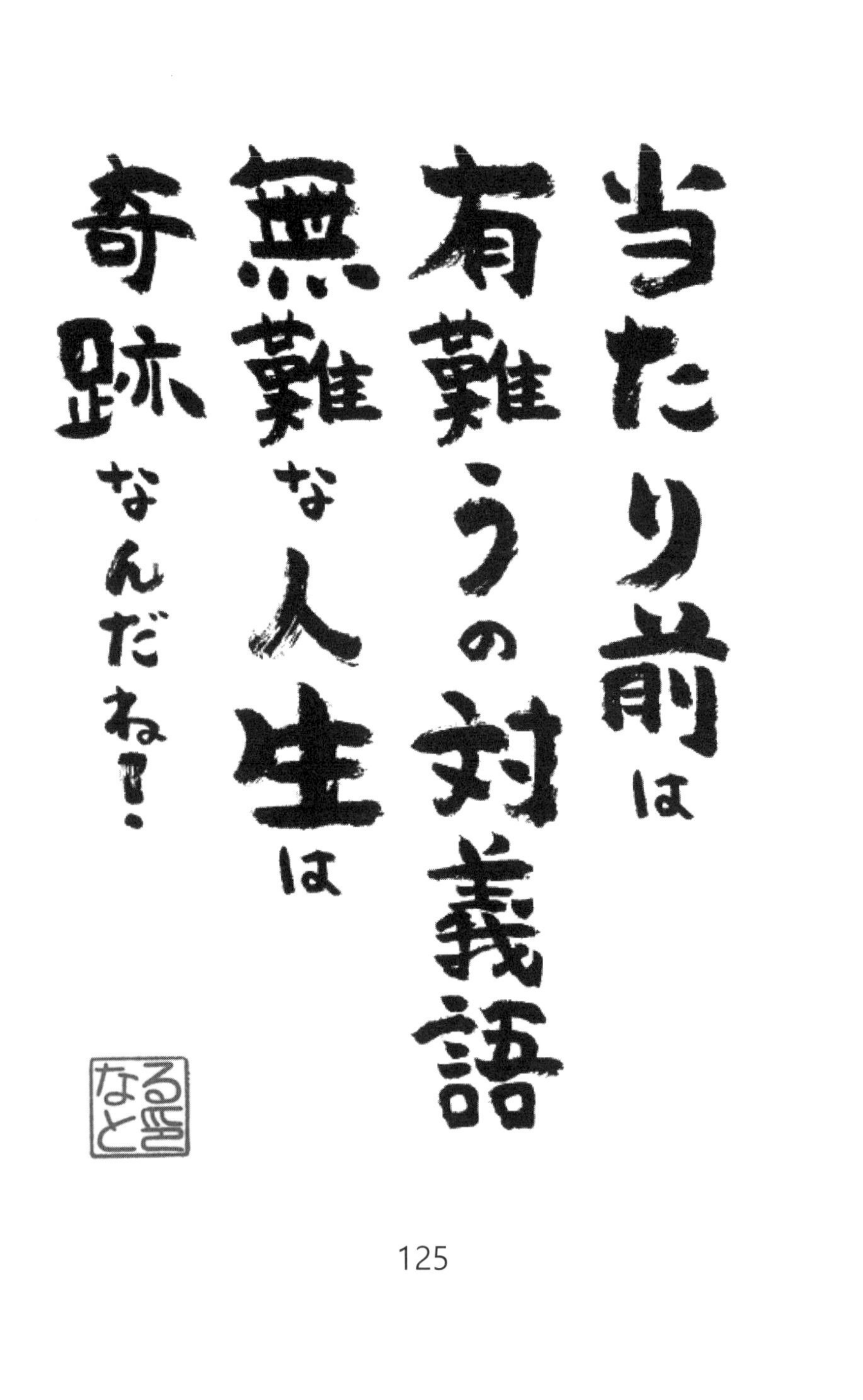

当たり前は
有難うの対義語
無難な人生は
奇跡なんだね!!

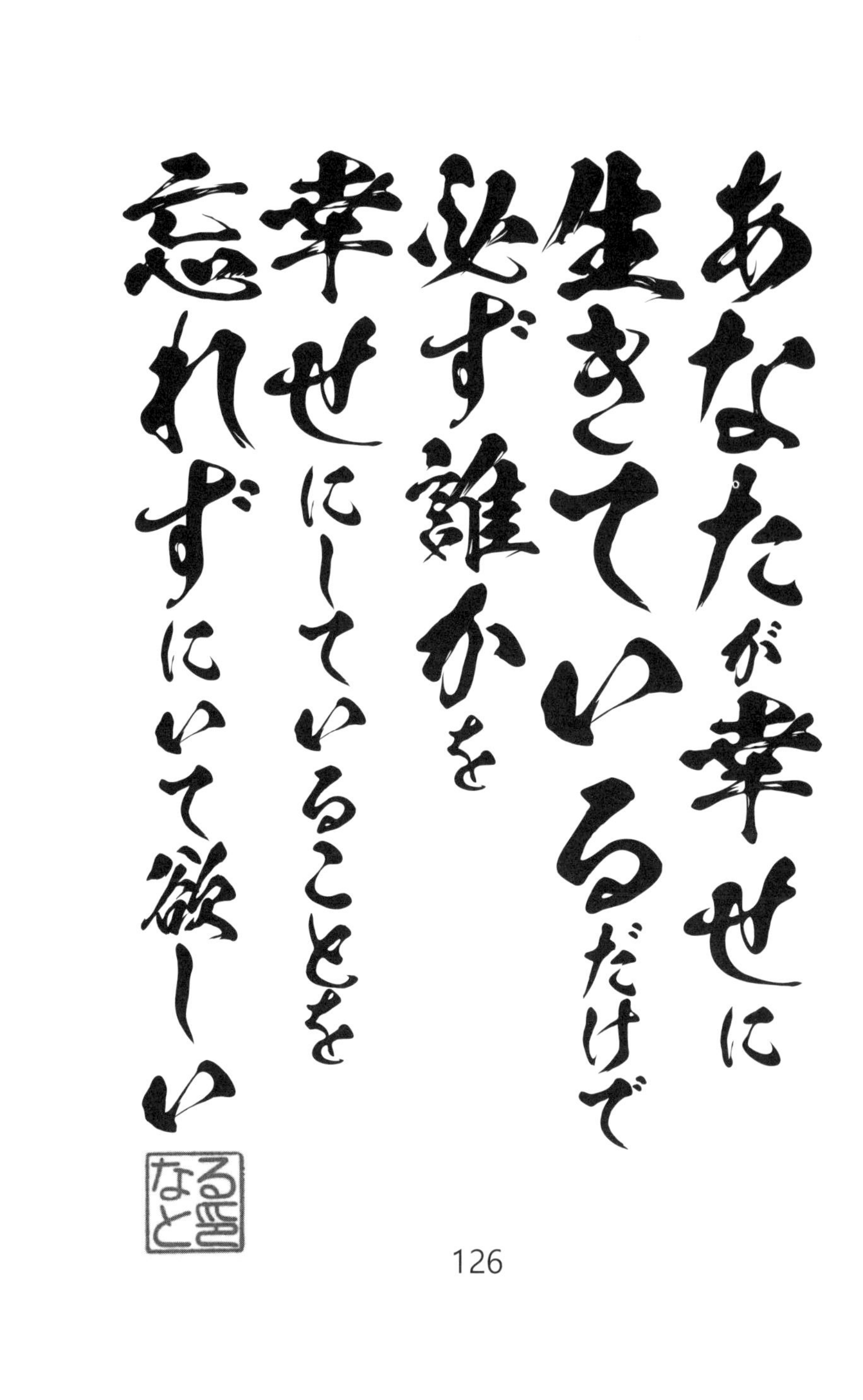

あなたが幸せに
生きているだけで
必ず誰かを
幸せにしていることを
忘れずにいて欲しい

気持ちを切り替えたい時に取るべき行動4選

・好きな人と話す
・好きな音楽を聴く
・甘いものを少し食べる
・その場を一旦離れる

過ちを改めざる
これを過ちという

過ちを犯していながら改めな
いのが本当の過ちである
過失は止むを得ないが
過ちに気づいたらすぐ改めよ

自尊心を守る方法5選

・成功体験を積み重ねる
・自分で選んだ道を歩む
・自分で自分を認める
・他人に嫉妬しない
・事実を受け入れる

るみなと

信頼される上司やメンターの特徴3選

・相手の話をよく聴く

・相手の自発性を育てる

・悩みから考えにシフトさせる

木に縁（よ）りて魚（うお）を求む
天を指して魚（うお）を射る
百年河清（ひゃくねんかせい）を俟（ま）つ
雲に梯（かけはし）
つまり、誤った方法では
目的を達成できないのよ

なると

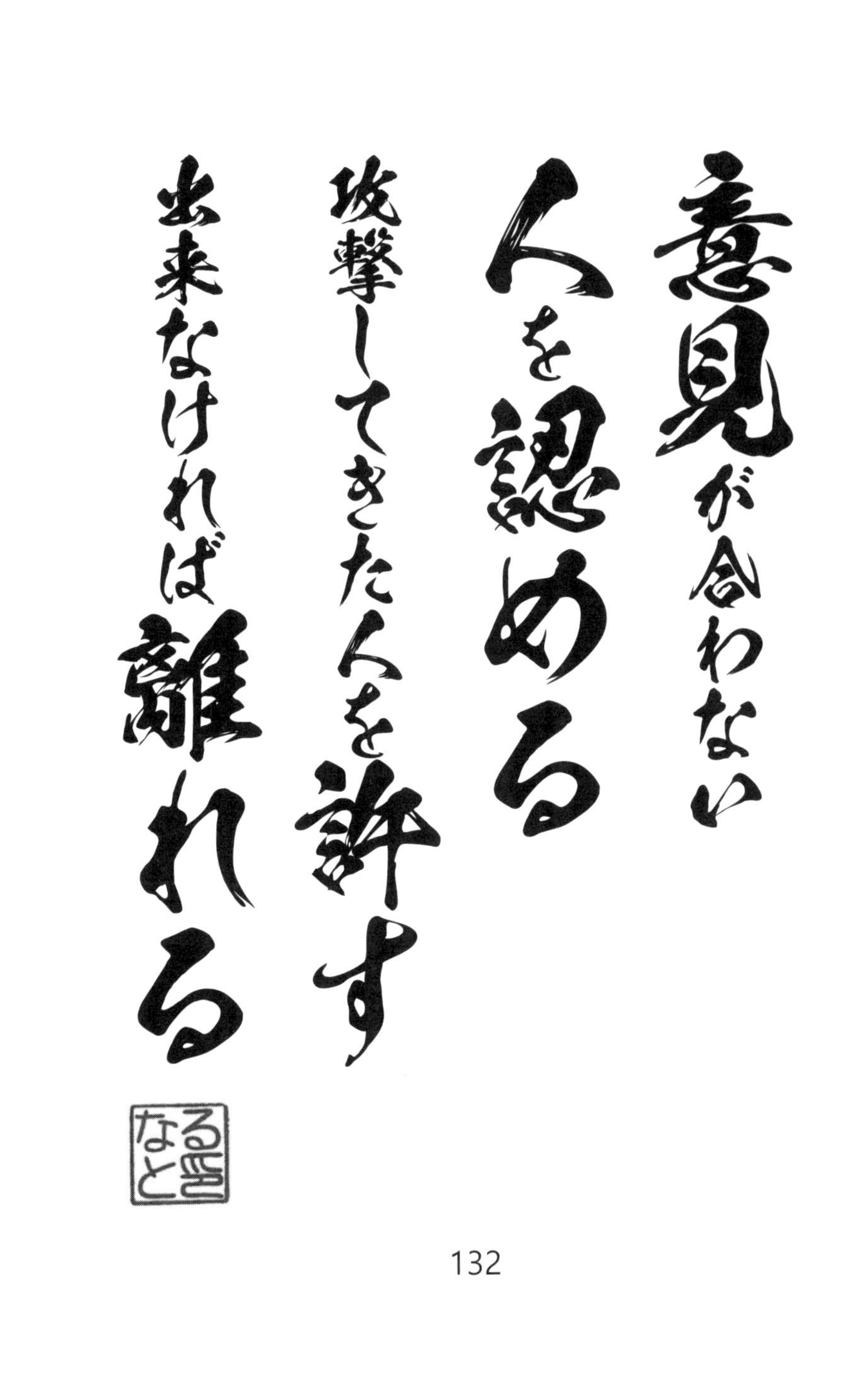

意見が合わない
人を認める
攻撃してきた人を許す
出来なければ離れる

るなと

あなたが悩むのは
理想と現実が
かけ離れているから
現実を受け入れ理想を下げ
ると悩みは解消される

るなと

この世に起こる
ことすべてが
あなたへの
メッセージ

る印
なと

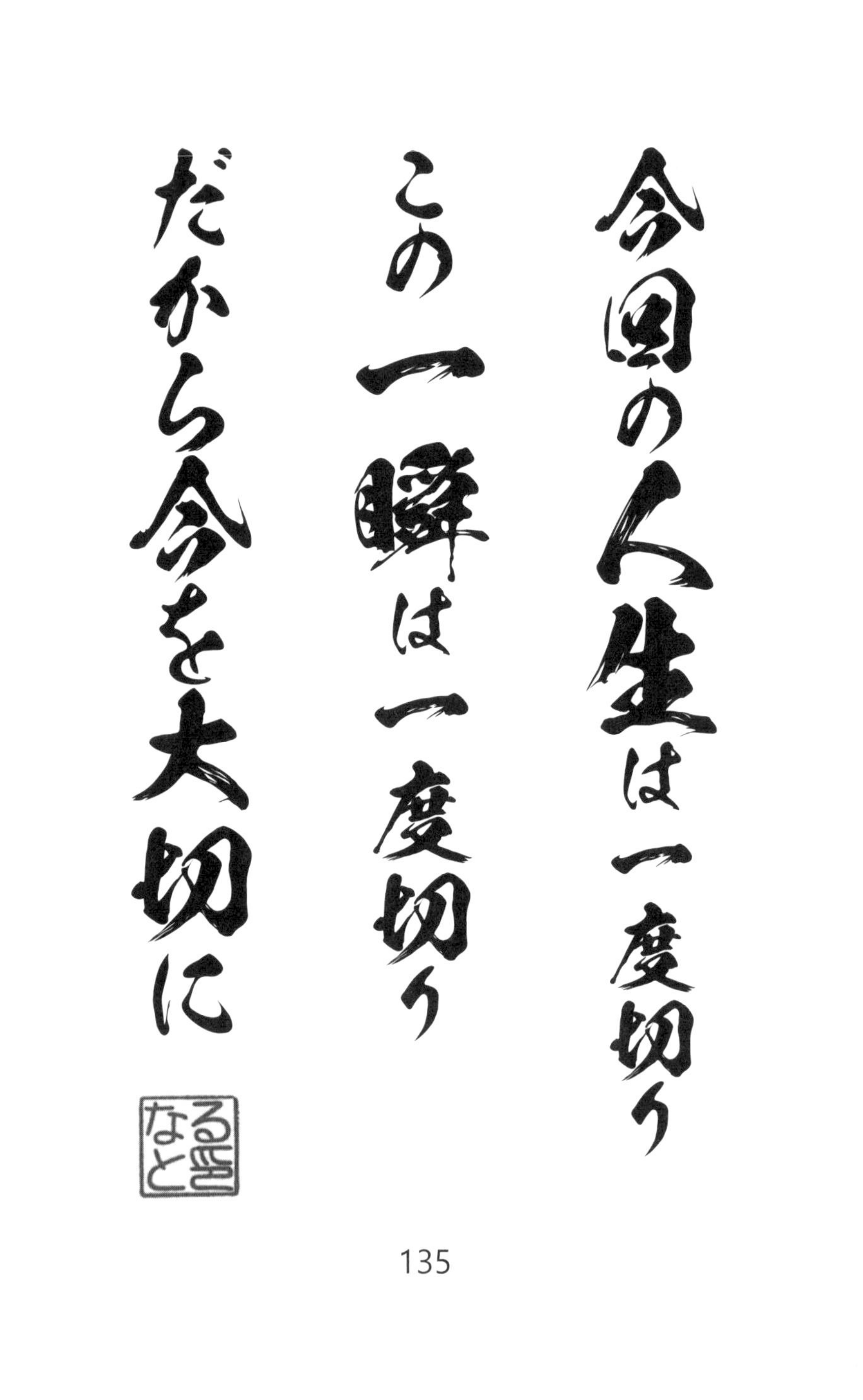

今回の人生は一度切り
この一瞬は一度切り
だから今を大切に

気宇壮大（きうそうだい）

磊磊落落（らいらいらくらく）

幕天席地（ばくてんせきち）

積極的精神の源は

強い信念と志

るなと

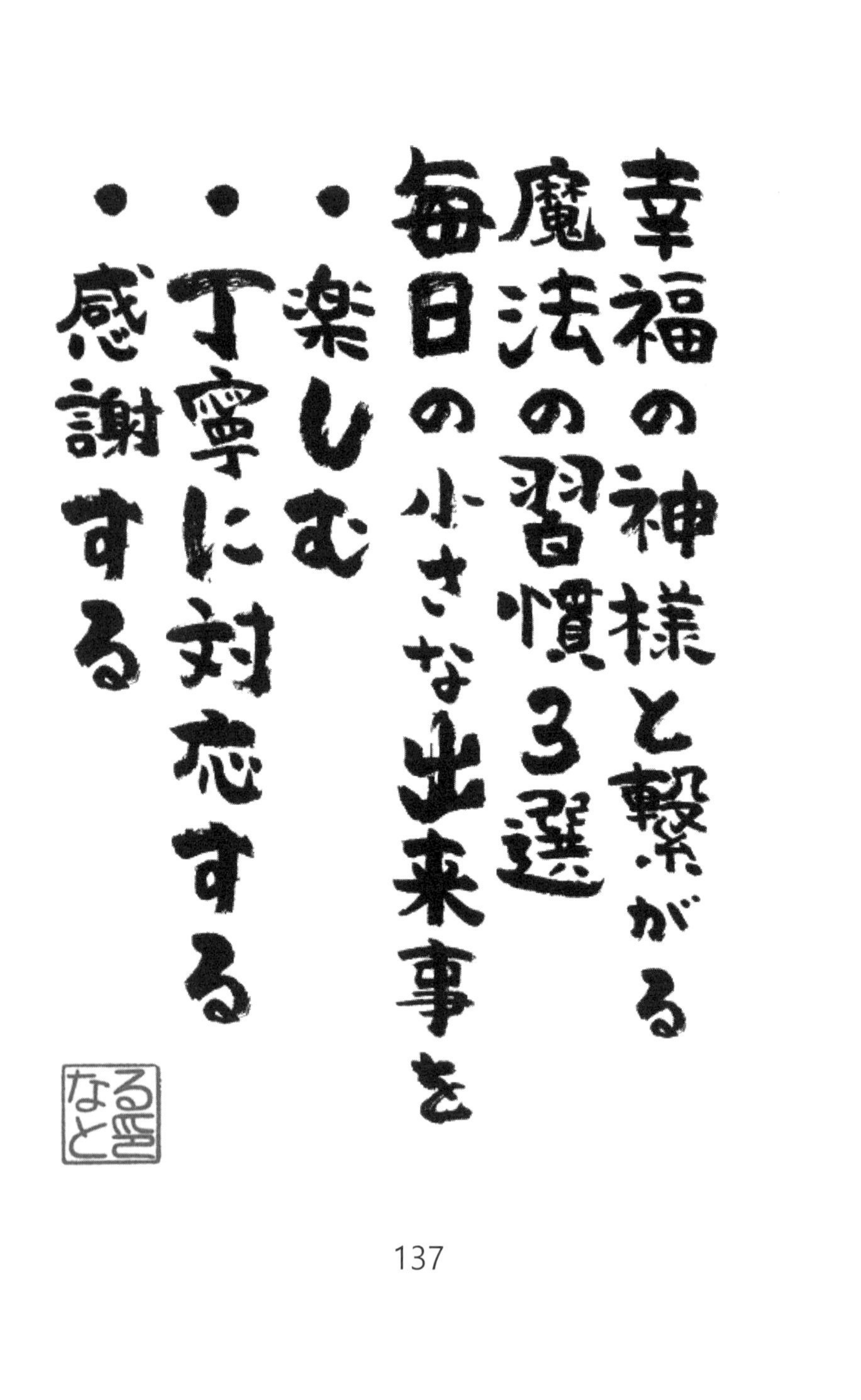

幸福の神様と繋がる
魔法の習慣3選

毎日の小さな出来事を

・楽しむ
・丁寧に対応する
・感謝する

感謝の感情　愛の感情
許す感情　認める感情
どれもあなたが発する
光のエネルギー

るしなと

志学（しがく）十有五にして学に志す
而立（じりつ）三十にして立つ
不惑（ふわく）四十にして惑わず
知命（ちめい）五十にして天命を知る
耳順（じじゅん）六十にして耳に従ふ
従心（じゅうしん）七十にして心の欲する
所に従ひて矩（のり）を踰（こ）えず

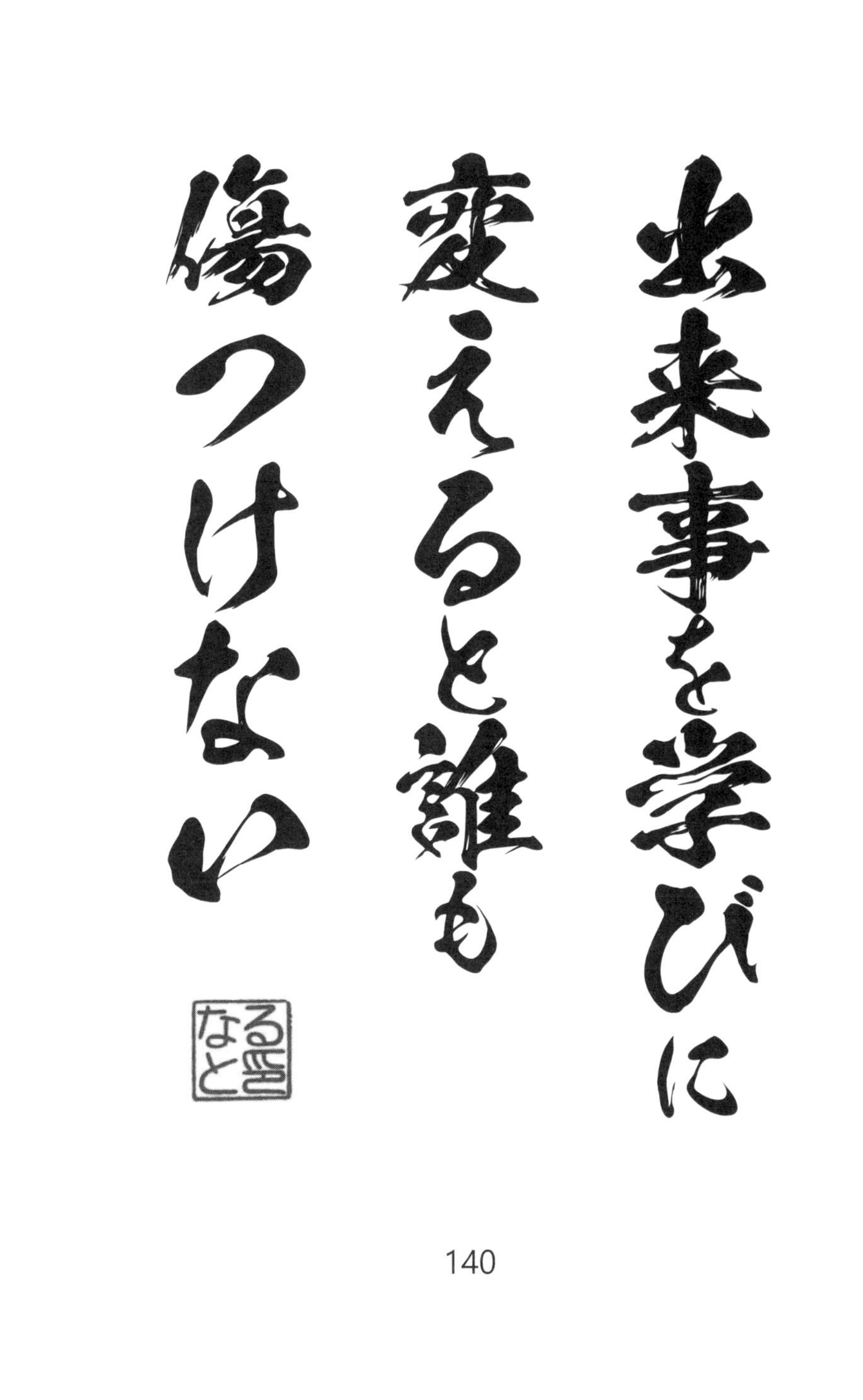

出来事を学びに
変えると誰も
傷つけない

るなと

試しごとなくして成功なし
人の話を良く聴き
即実行すること
自ずと成功は導かれる

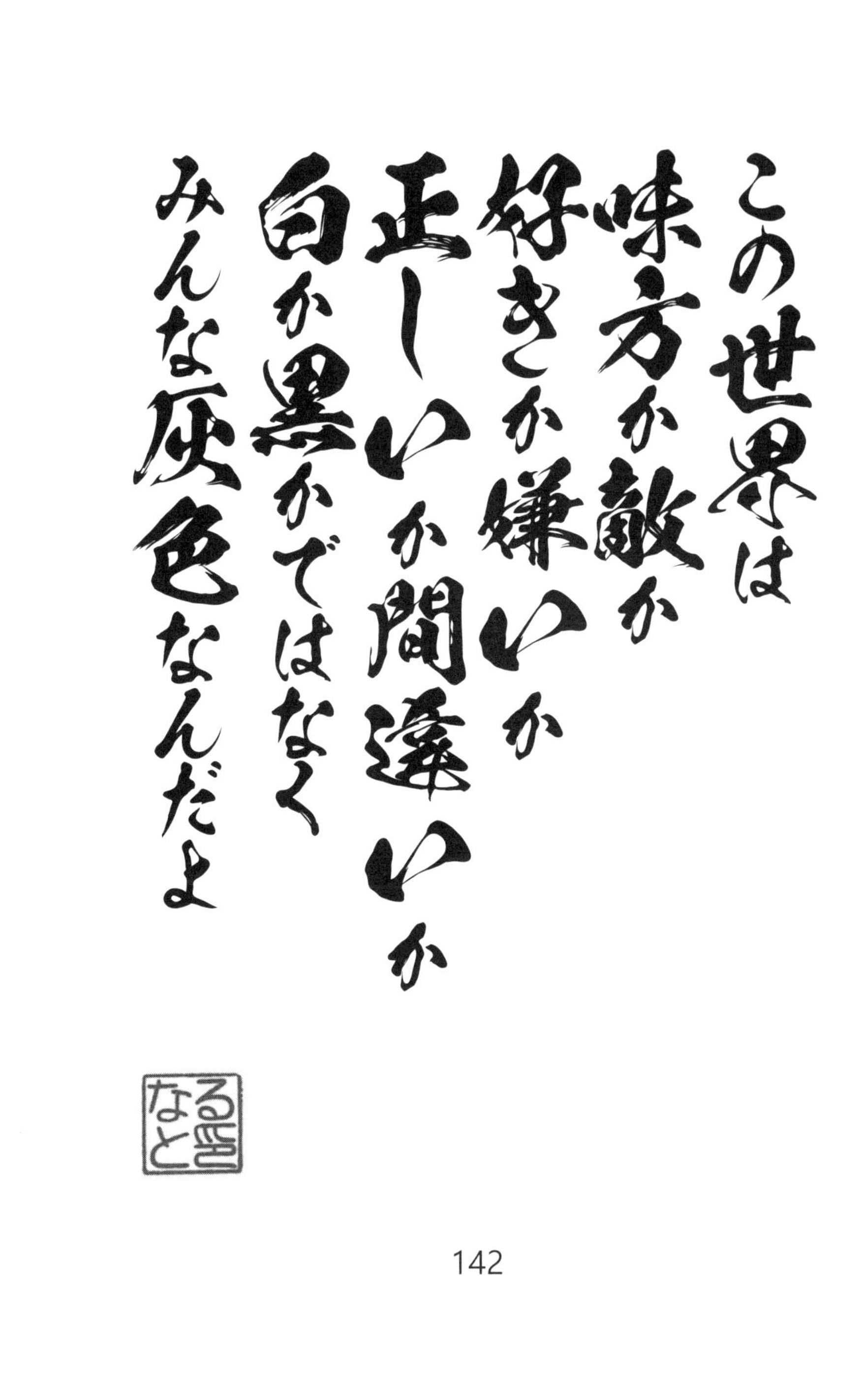

この世界は
味方か敵か
好きか嫌いか
正しいか間違いか
白か黒かではなく
みんな灰色なんだよ

るなと

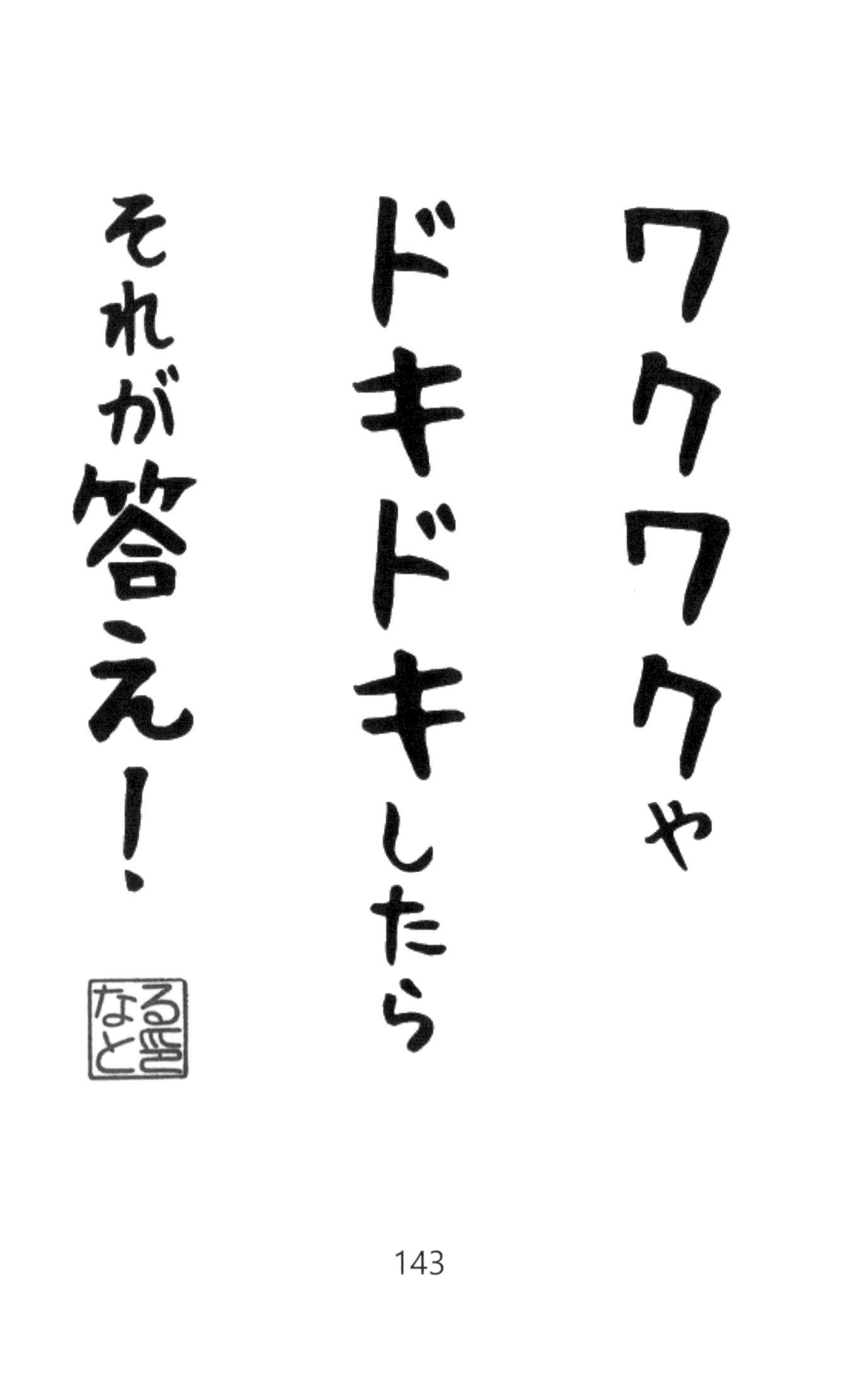

ワクワクや
ドキドキしたら
それが答えー！

as if《アズイフ》の法則

逃げるから怖くなる
お金の不安をもつから貧しくなる
感謝するから満たされる
笑うから楽しくなる

るなと

君子は道を憂(うれ)えて
貧(まず)しきを憂えず
今ある大切なことを考える
過度な心配はしない
他人の言葉に左右されない

る書
なと

怯えなくていい
迷わなくていい
ただ今を
集中すればいい

るみなと

死ぬ間際に後悔する事3選

- 毎日を楽しまなかった事
- 他人に優しくしなかった事
- 自分のやりたい事をやらなかった事

自分を知る事は自由を知る事
私たちは自由であるために
生まれてきた
どう生きるか？　そんなの
自分で考え決め責任を取る
時代や社会や政治のせいにしない

時間は過去から未来へ流れる
物質は地球に引っ張られる
生命は死へと向かっている
意識はいずれも持っていない

日の出後と日の入前
30分間は
マジックアワー
心も体も魂も洗われる

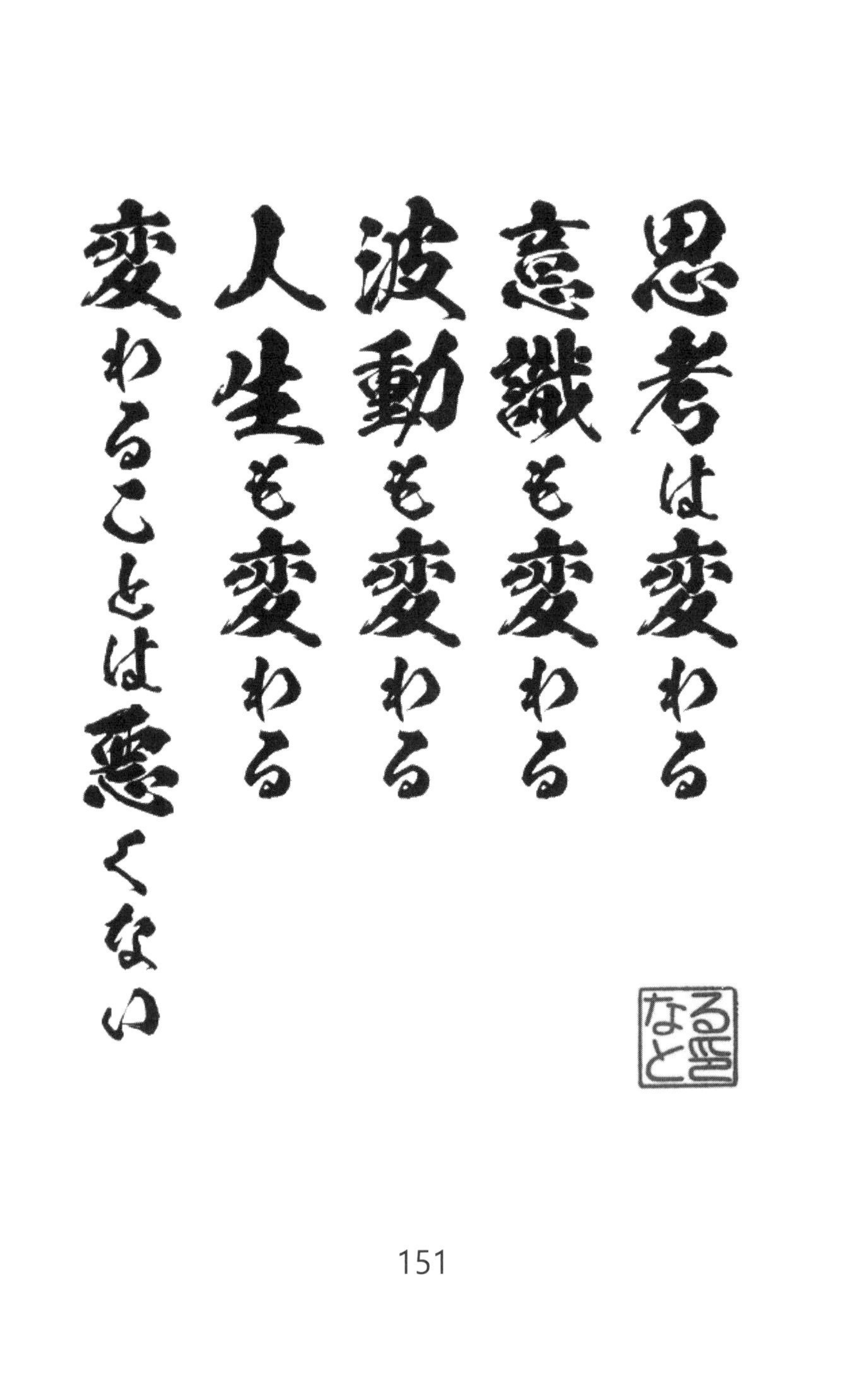

思考は変わる
意識も変わる
波動も変わる
人生も変わる
変わることは悪くない

大宇宙には常に
バランスを
保つ力が働く

行間を理解すれば
言葉の裏にある
脈略が見えてくる
言葉の道理と
真意が分かる

大自然に囲まれると
無条件の愛を感じる
都会の喧騒に疲れたら
自然の静寂に包まれたい

愛という字は
心を真ん中に
受け入れると書く

るみなと

知者（ちしゃ）は惑（まど）わず
仁者（じんしゃ）は憂（うれ）えず
勇者（ゆうしゃ）は懼（おそ）れず
迷わず、心配せず、恐れず、
義・勇・仁・礼・誠・知の
6つの徳目を身に付ける

長所に成る
と書いて成長
長所を伸ばすことが成長

物質がなければ
時間がなくなる
物質がなければ
重力もなくなる
物質と時間と重力は
三位一体の関係にある

大人が変わらないと
子どもは変われない
周りと違うことを
する人がいるから
100匹目の
猿現象が起こる

成長が止まる
人の特徴3選

・視点が外側にある
・チャレンジしない
・執着を手放せない

る書なと

雲外蒼天（うんがいそうてん）

開運見日（かいうんけんじつ）

冬来りなば春遠からじ

辛い時期を耐えれば

幸せは必ずやってくる

るなと

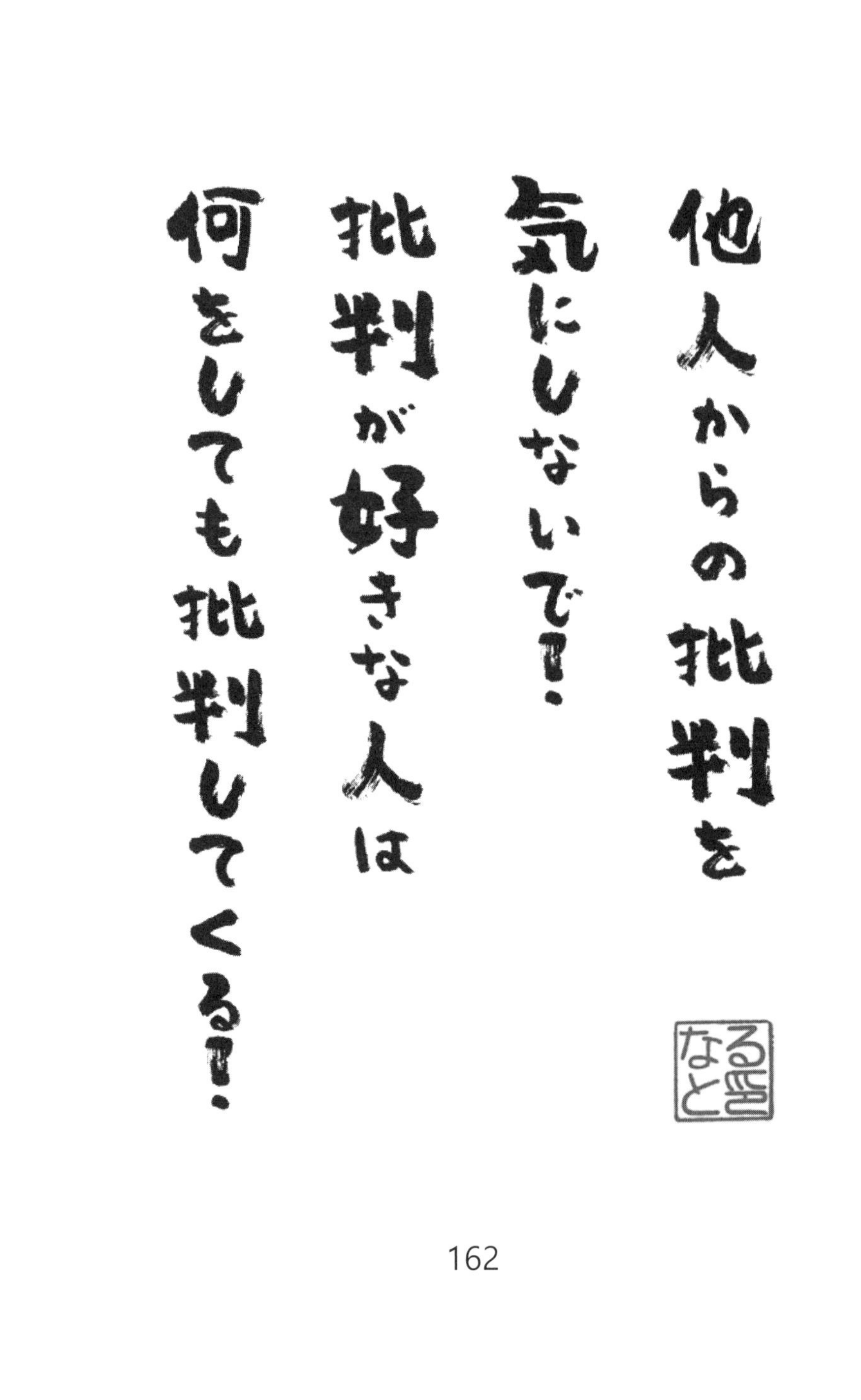

他人からの批判を
気にしないで！
批判が好きな人は
何をしても批判してくる！

事実や現実から
目を背けない！

なとる書

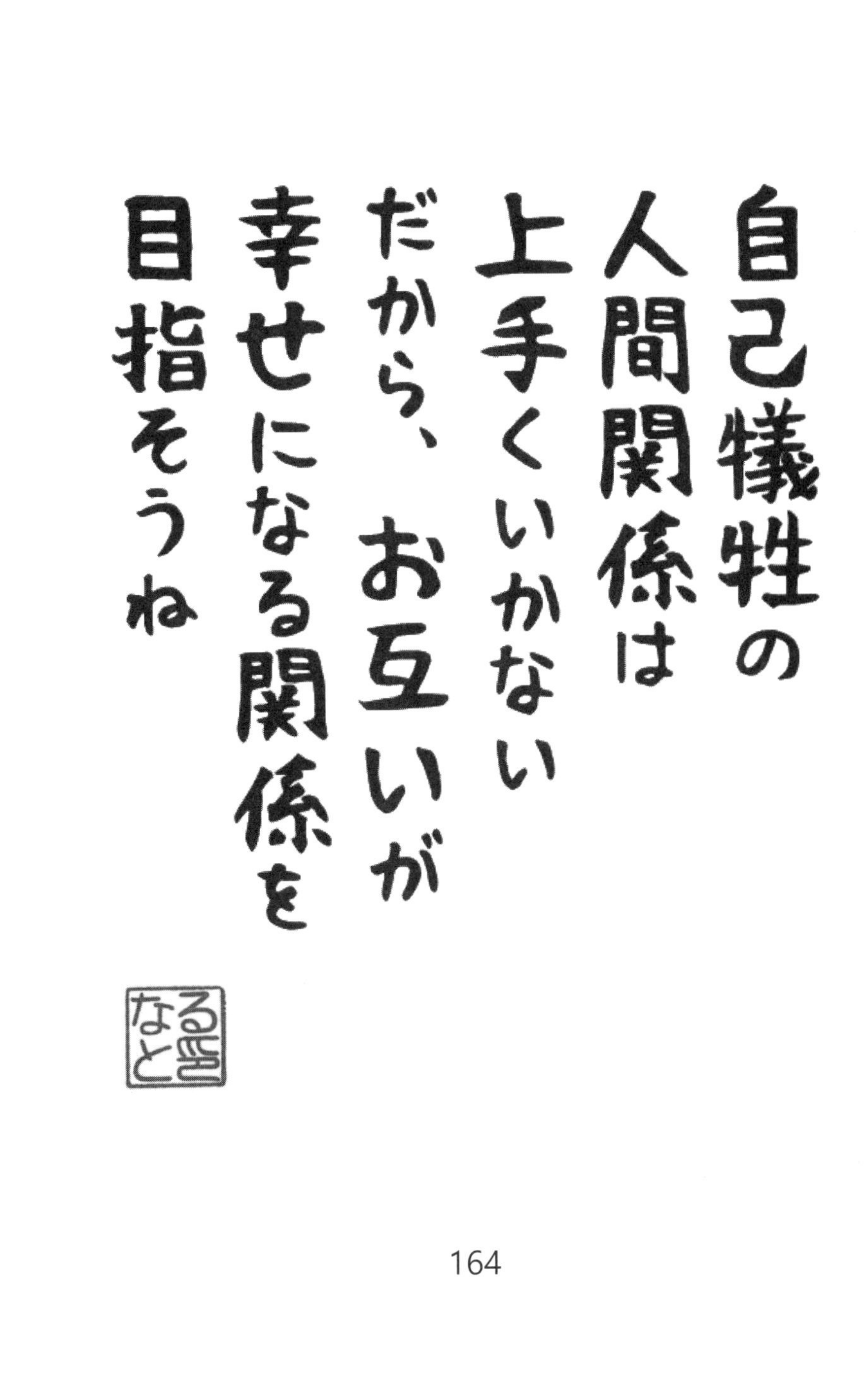

自己犠牲の
人間関係は
上手くいかない
だから、お互いが
幸せになる関係を
目指そうね

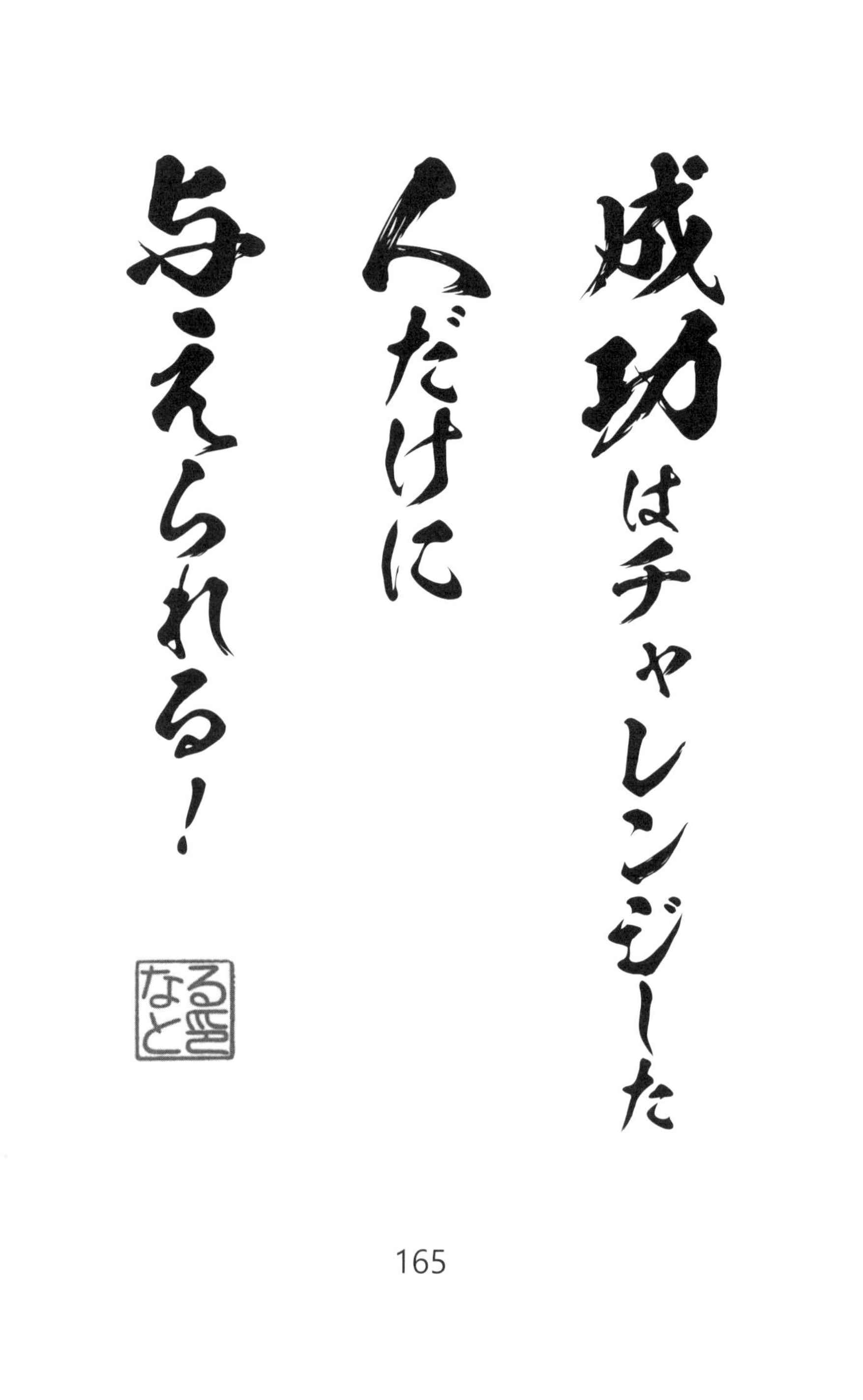

成功はチャレンジした
人だけに
与えられる!

るなと

忙しいは心を亡くすと書く
充足感に着目すれば
時間を引き寄せる
ことができる

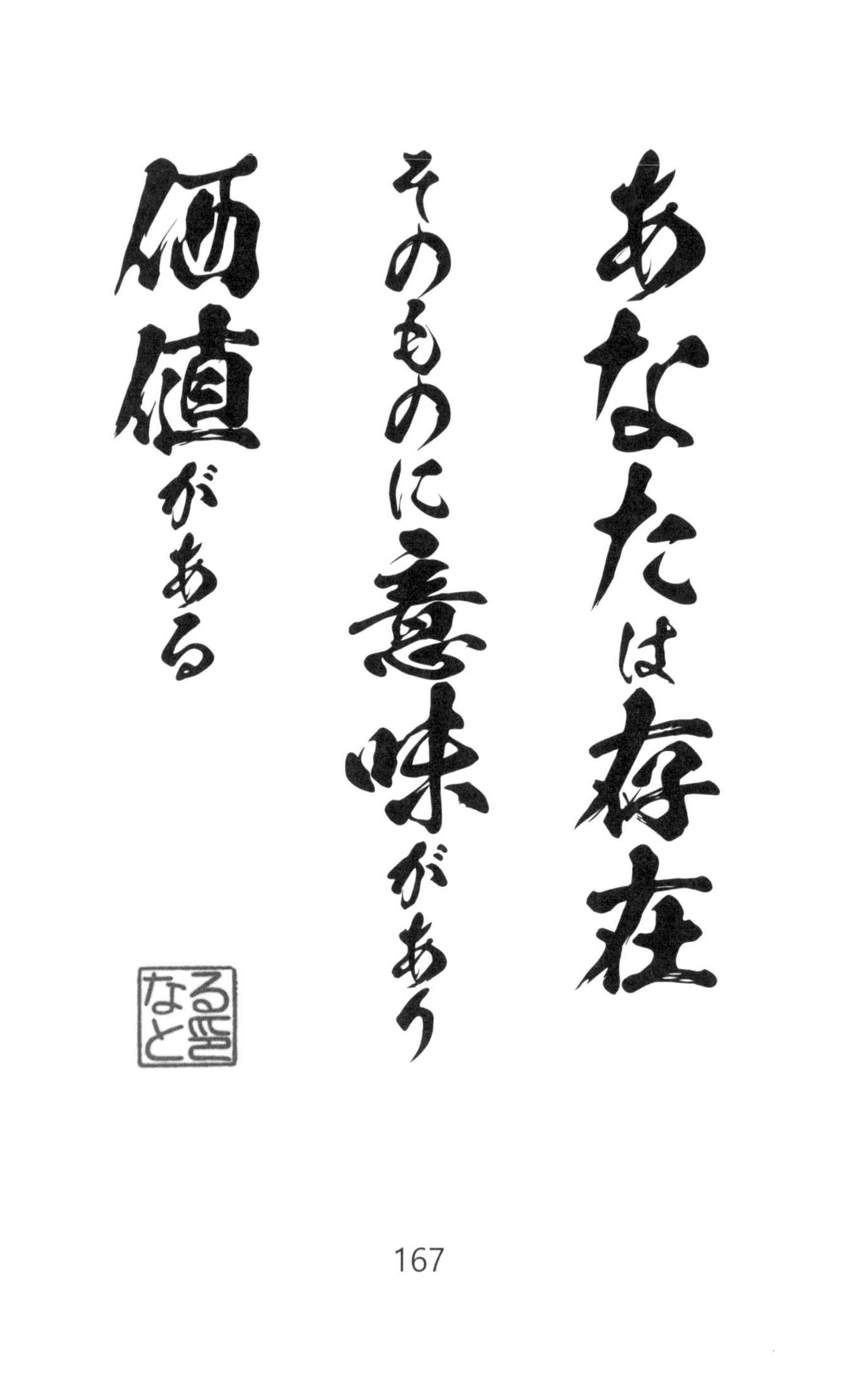

あなたは存在
そのものに意味があり
価値がある

周りから信用される人
の特徴4選

・嘘を付かない
・人を批判しない
・常に前向き
・人の気持ちを理解する

るき
なと

選択と自由は
二つで一つ
自由と責任も
二つで一つ

るみなと

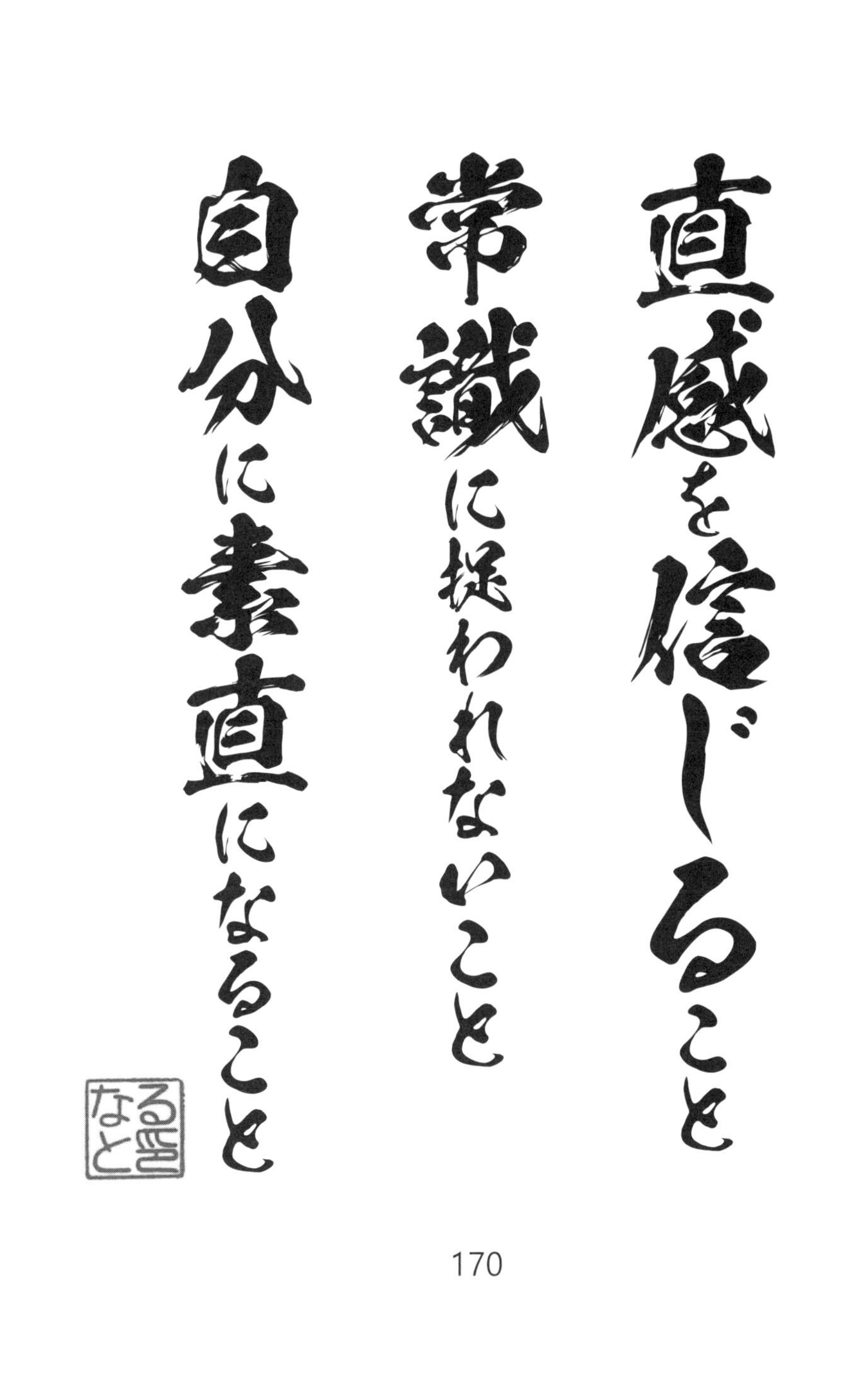

直感を信じること

常識に捉われないこと

自分に素直になること

何も苦しむ必要なんてない
食べ物もあり
住む場所もあり
学びの機会もある
幸せはいつも
あなたの傍にある

頑張ることと
頑張らないことの
バランスを保つ

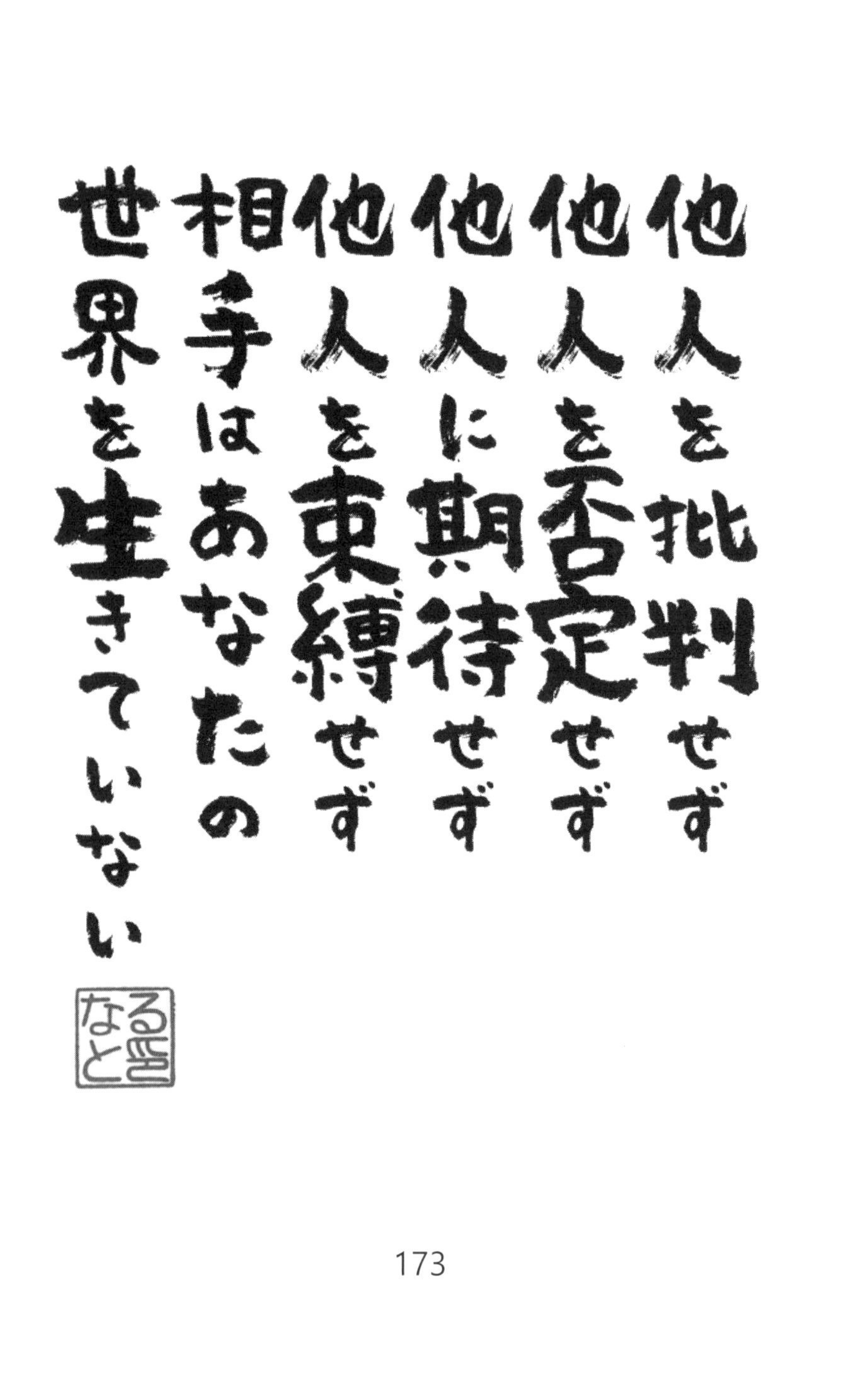

他人を批判せず
他人を否定せず
他人に期待せず
他人を束縛せず
相手はあなたの
世界を生きていない

るなと

楽観者はチャンスを掴み
悲観者はチャンスを逃し
批判者はチャンスにも遭えない

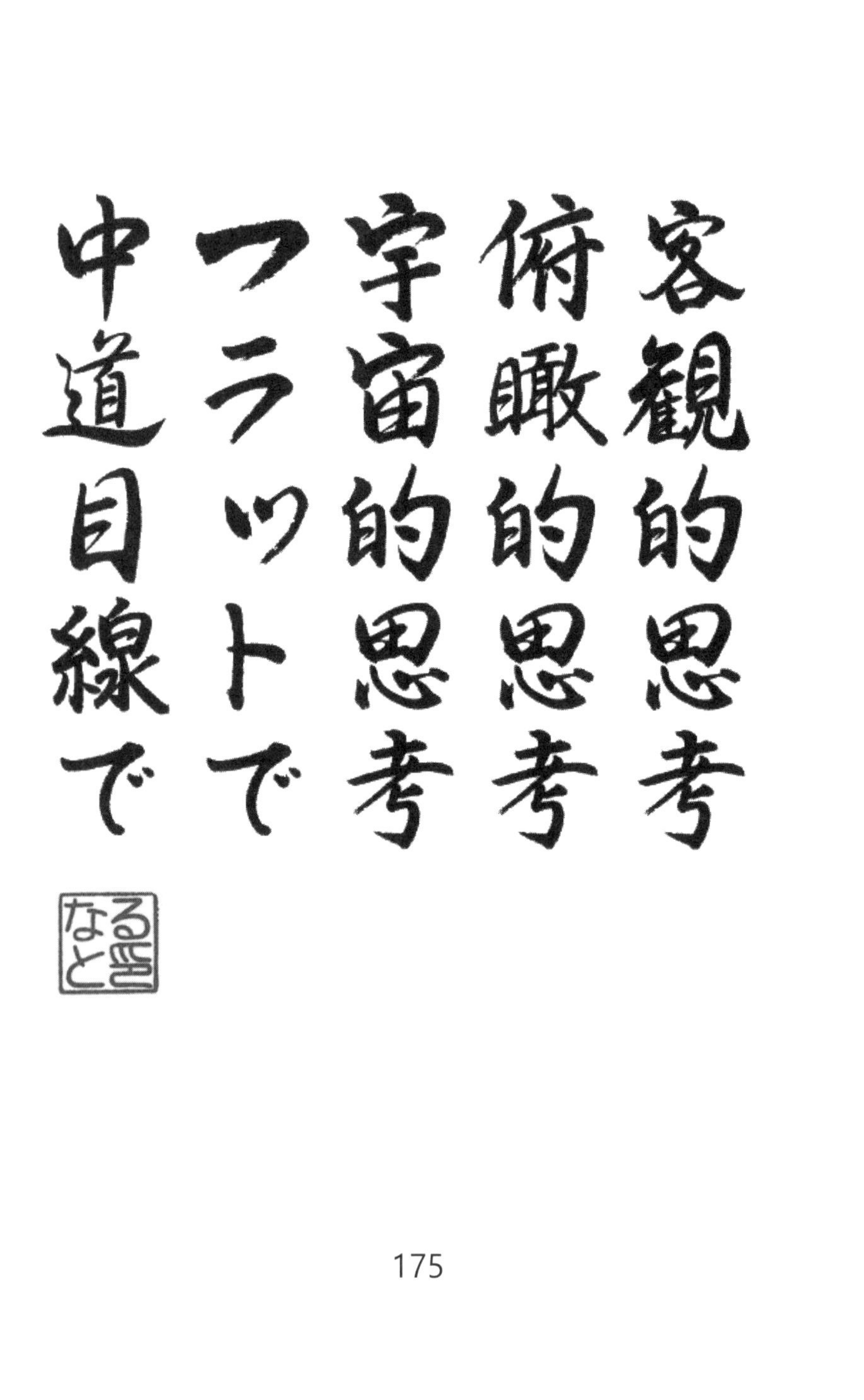

客観的思考
俯瞰的思考
宇宙的思考
フラットで
中道目線で

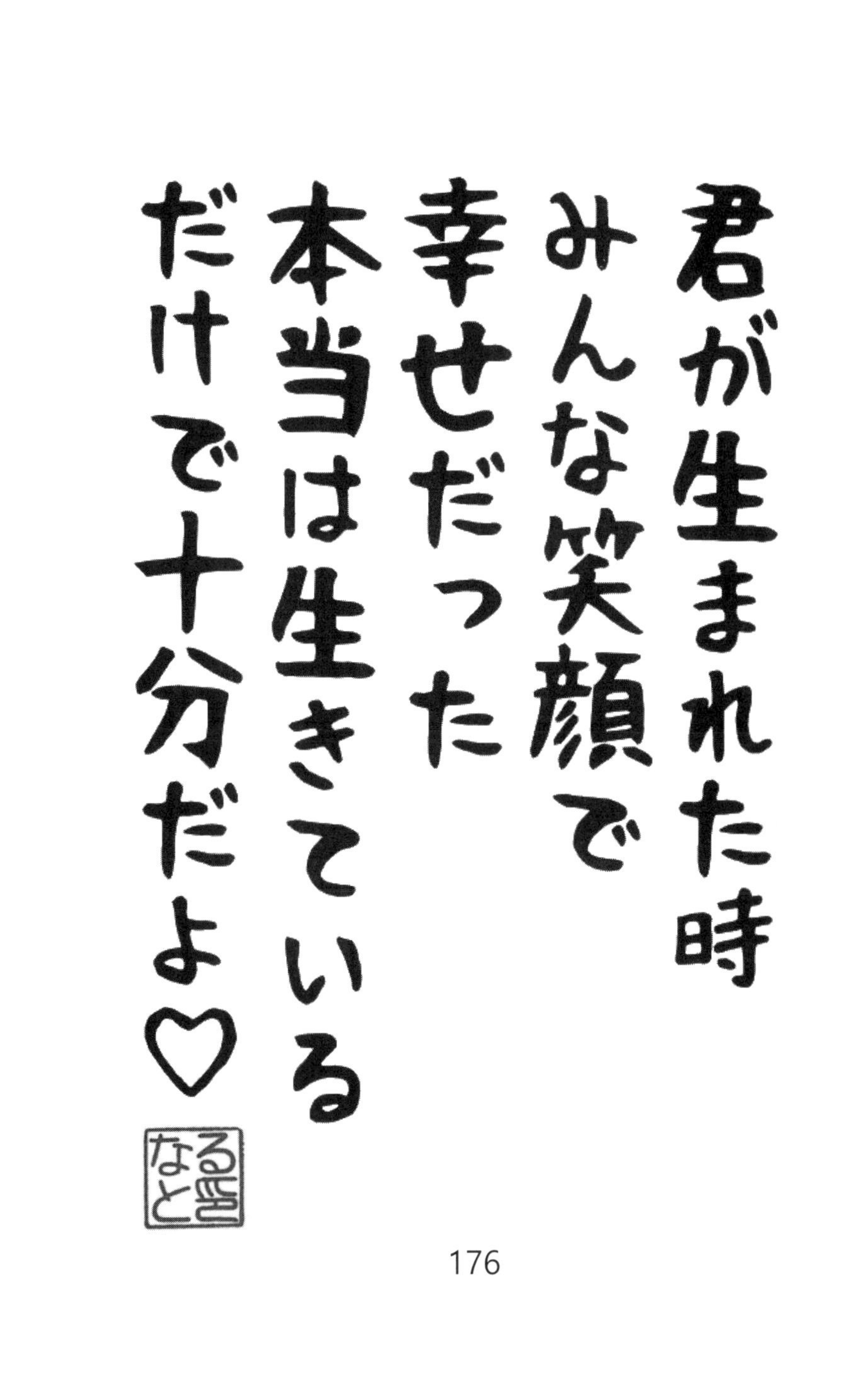

君が生まれた時
みんな笑顔で
幸せだった
本当は生きている
だけで十分だよ♡

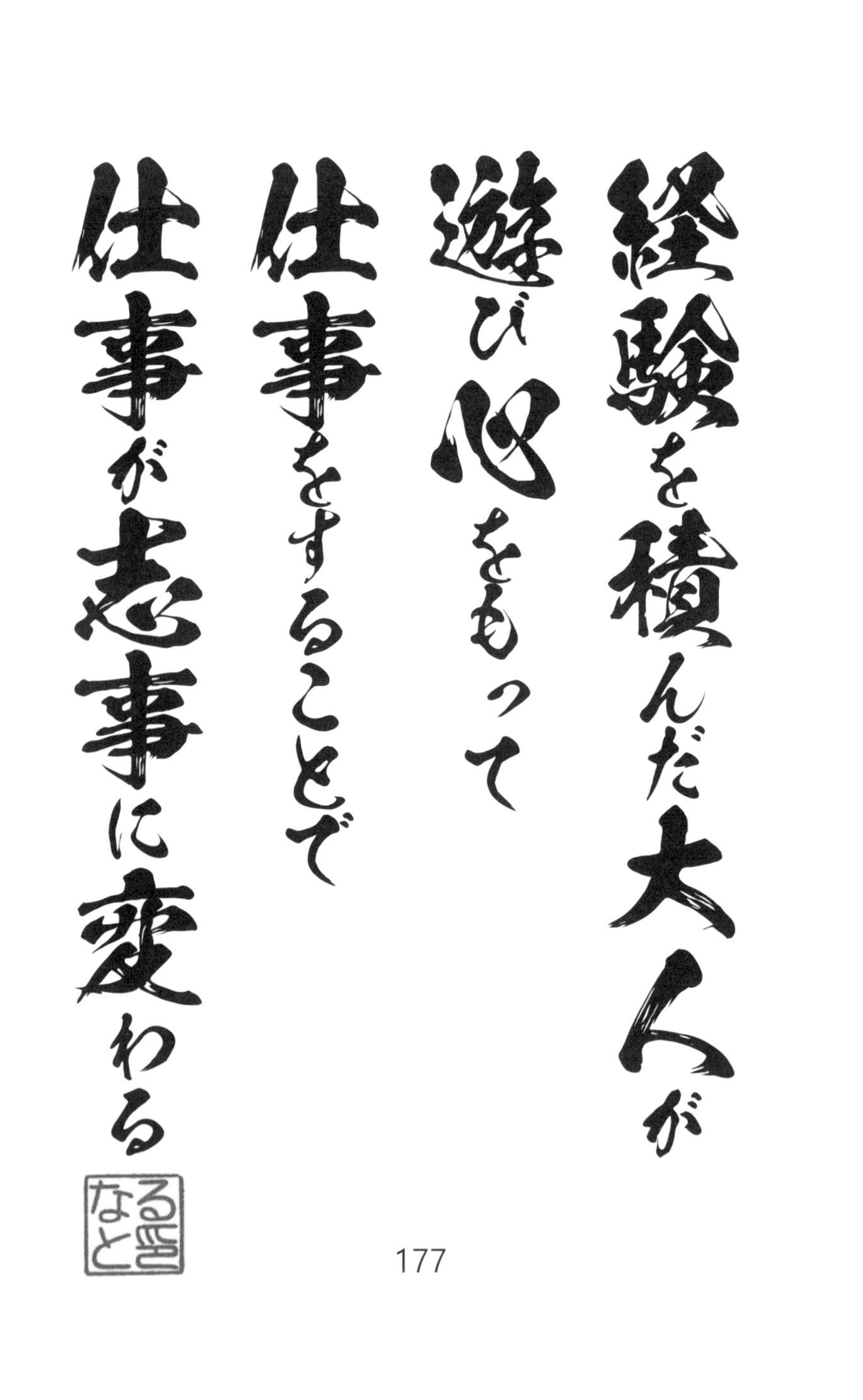

経験を積んだ大人が
遊び心をもって
仕事をすることで
仕事が志事に変わる

天知る、地知る、
我知る、人知る、
悪事や不正は
必ず発覚する

愛の共鳴現象が
奇跡を起こす

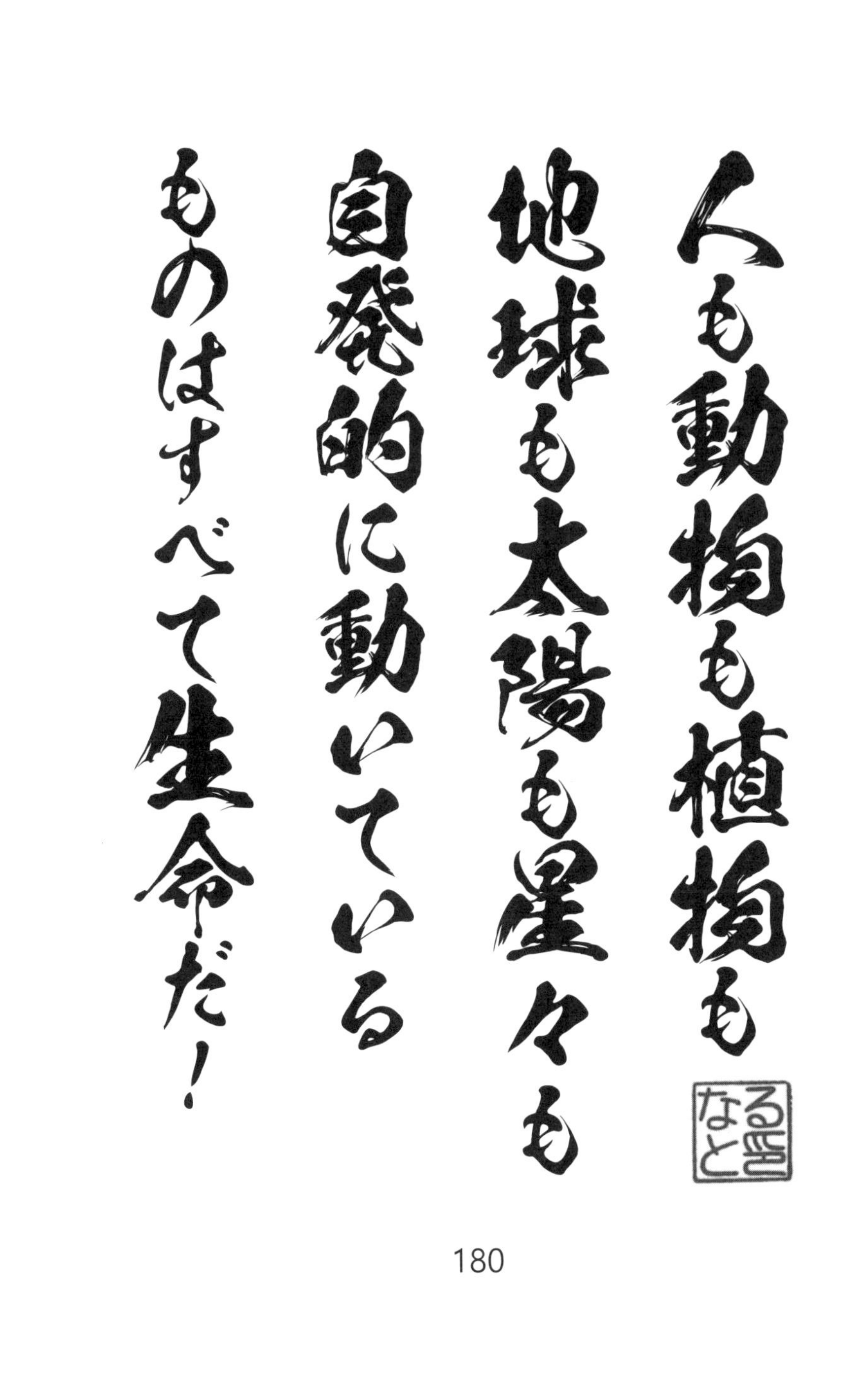

人も動物も植物も
地球も太陽も星々も
自発的に動いている
ものはすべて生命だ！

るなと

素粒子は意識を
向ける所に集まる
あなたの意識も
素粒子の集合体である
つまり世界も未来も
あなたの意識が創り出している

るなと

人生は一度切りだから
好きな人を選び
好きな仕事を選び
好きな食事を選び
好きな生き方を選びなよ
他人のための人生じゃない

るみ
なと

不易流行（ふえきりゅうこう）
温故知新（おんこちしん）
時代の変化に
臨機応変になろう

君が大切だから
敢えて厳しい助言をする
見せかけの優しさは
あなたの為にならない

超越的な力の
存在を肯定し
前向きに受け止める

近すぎると
反発する
遠すぎると
引き寄せ合う

るきなと

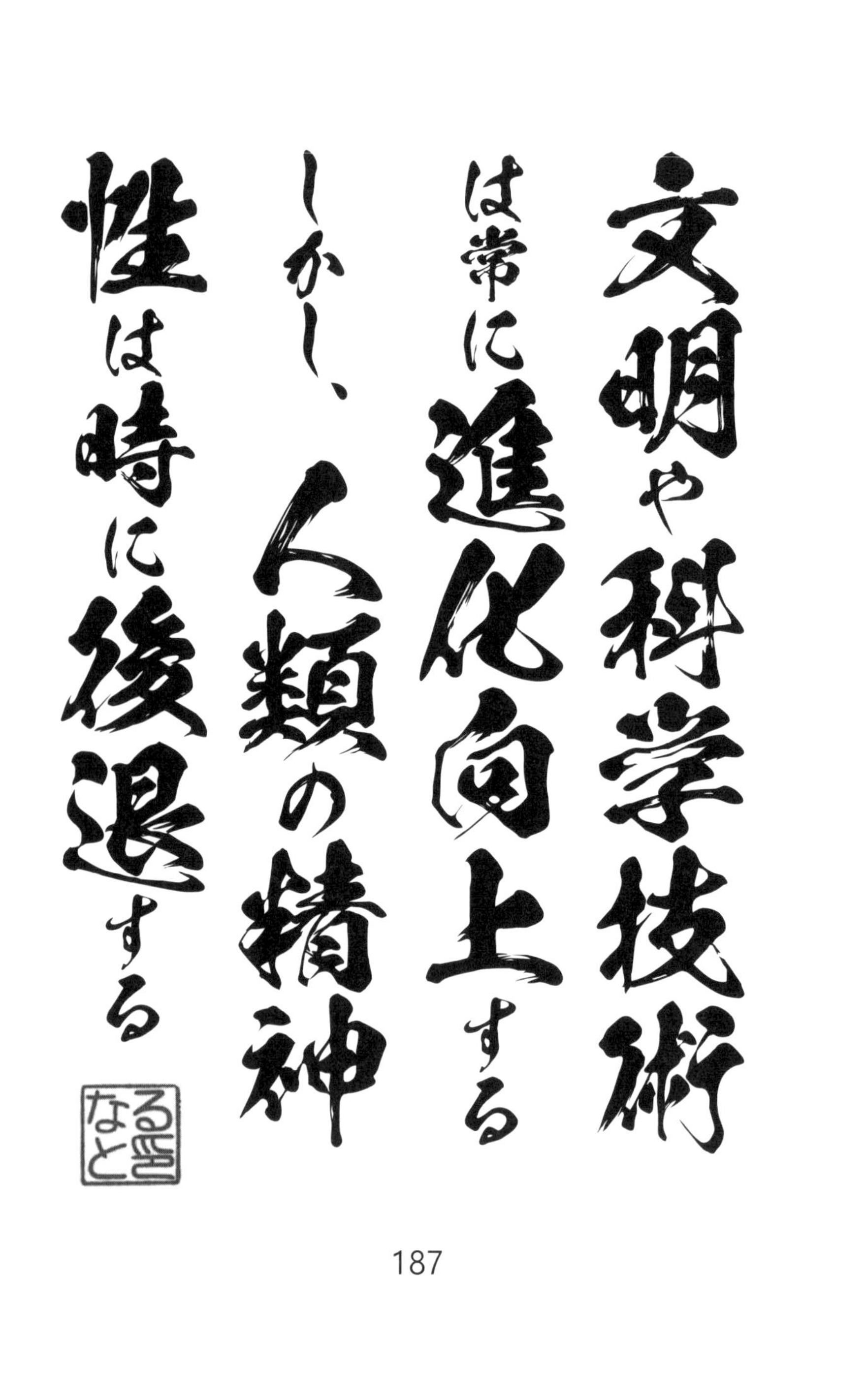

文明や科学技術
は常に進化向上する
しかし、人類の精神
性は時に後退する

今ある現在の状態は
過去の積み重ねの上に
あり、今この時の積み重
ねの先に未来がある

仕事に集中できない時に
実践すべき事3選

・簡単な仕事からやる

・環境を変えてやる

・思い切って休む

阿頼耶識も
ゼロポイントフィールドも
過去の記録は
消えることはない

るみなと

虎穴(こけつ)に入(い)らずんば
虎子(こじ)を得(え)ず
時には危険を冒さなければ
大きな成功は得られない

失敗から学ぶ人
失敗をする前に学ぶ人
失敗をしても学ばない人
人は失敗を糧に成長する

るなと

事象も物象も確定していない
常にゆらぎながら動いている
ゆえに見方によって
対象物も変わる
潜在意識の思い込み
ブロックを外す

るなと

人の欠点に目が行く人
人の利点に目が行く人
人との違いに目が行く人
人からの学びに目が行く人

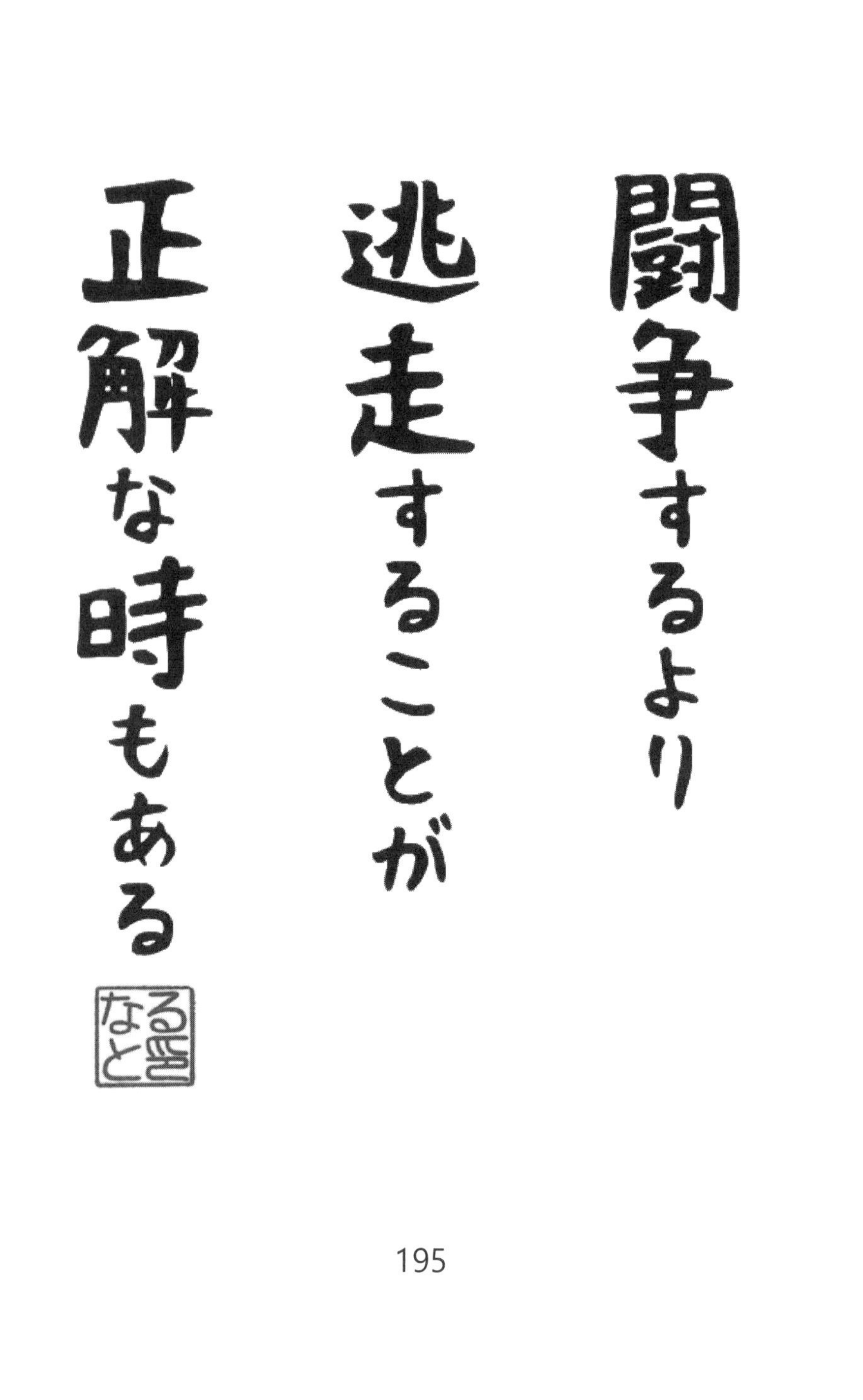

闘争するより
逃走することが
正解な時もある

るなと

強運を呼び込む
3つの習慣

・やりたいことをはっきりさせる
・それを周りの人に言う
・毎日を情熱的に生きる

弱い自分を許す
ダメな自分を許す
出来ない自分を許す
それも君の魅力だよ

るなと

お金の流れを良くするコツ3選

・聞く耳を持つ　人の言う事を
聞ける者と書いて儲ける

・お金は楽しいもので
うれしいものと捉える

・出すときも貰う時も
心からありがとうと言う

るみなと

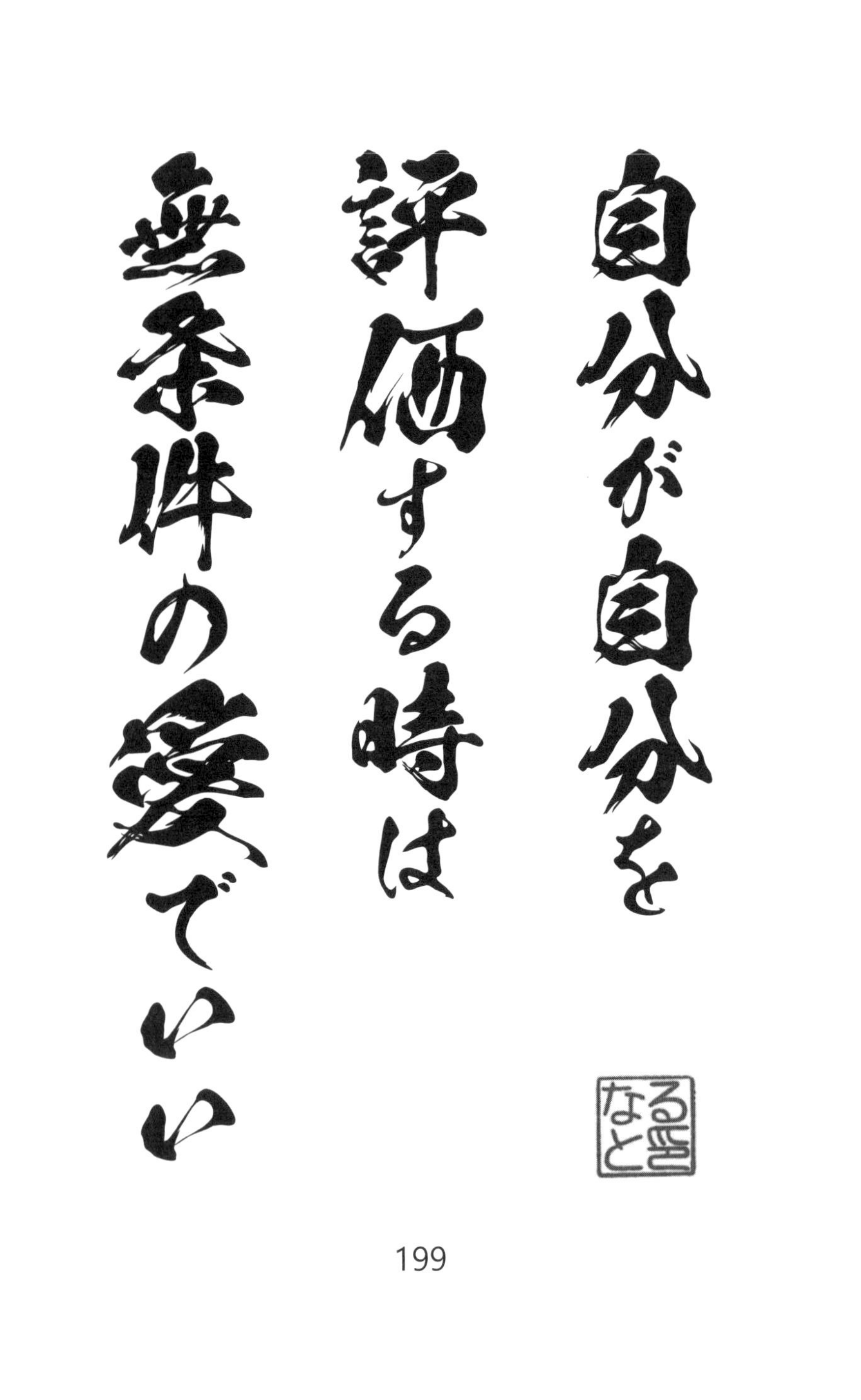

自分が自分を
評価する時は
無条件の愛でいい

運の良い人の特徴4選

・積極的に受け入れる

・後回しにせず動く

・言い訳せず
できる方法を考える

・成功している人を
徹底的にマネる

るみ
なと

「良いだけの人」から脱却する捉え方3選

- 嫌なことは断る
- 人は思ったほど期待していない
- 他人と同じように自分に優しくする

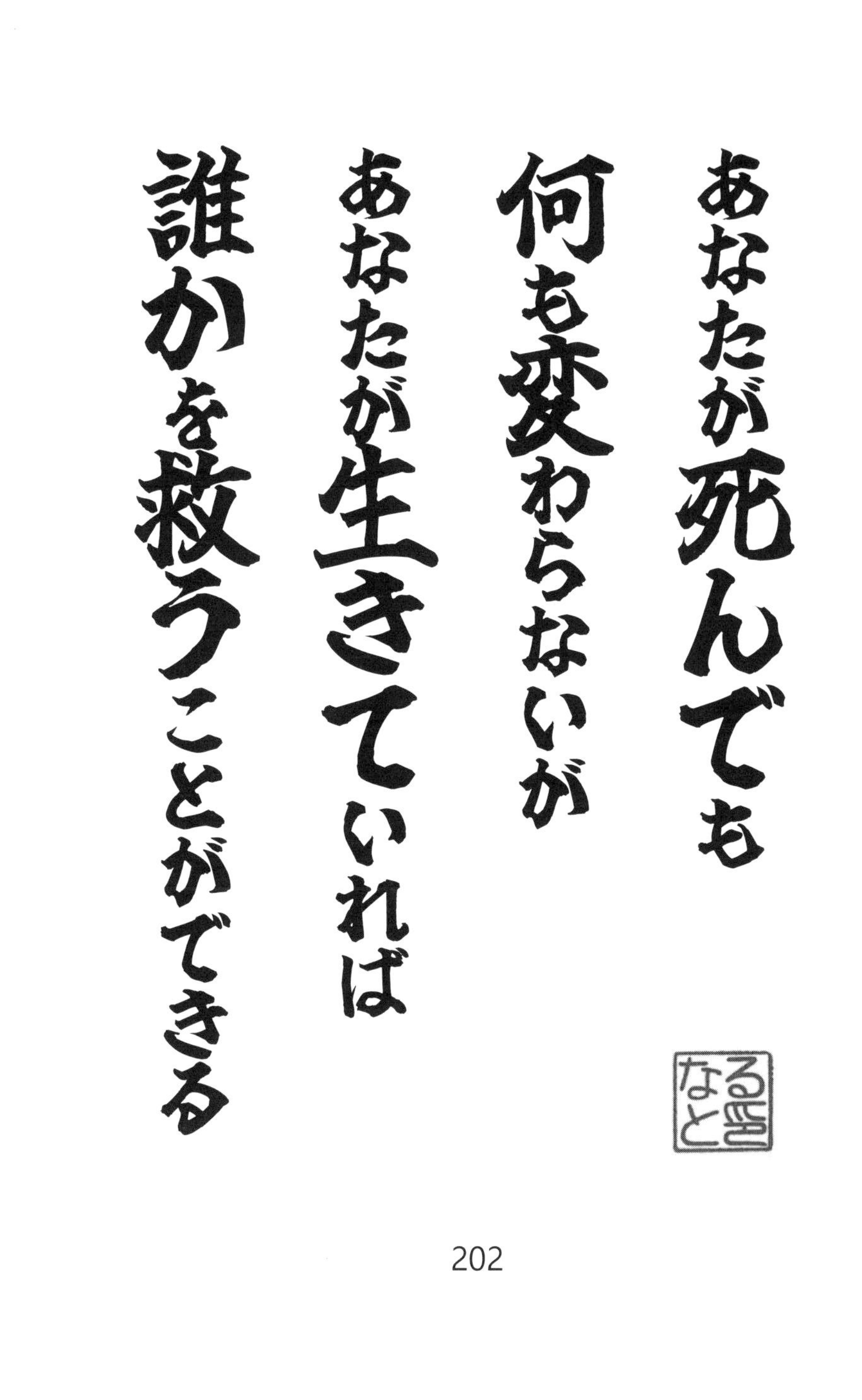

あなたが死んでも
何も変わらないが
あなたが生きていれば
誰かを救うことができる

る
なと

愛情不足の子どもが
取る行動の特徴3選

・いじめや万引き
など非行に走る

・食欲が旺盛になる

・ゲームに嵌まる

弱くてもいい
人に頼っていい
完璧でなくていい
弱音を言ってもいい
生きているだけでいい

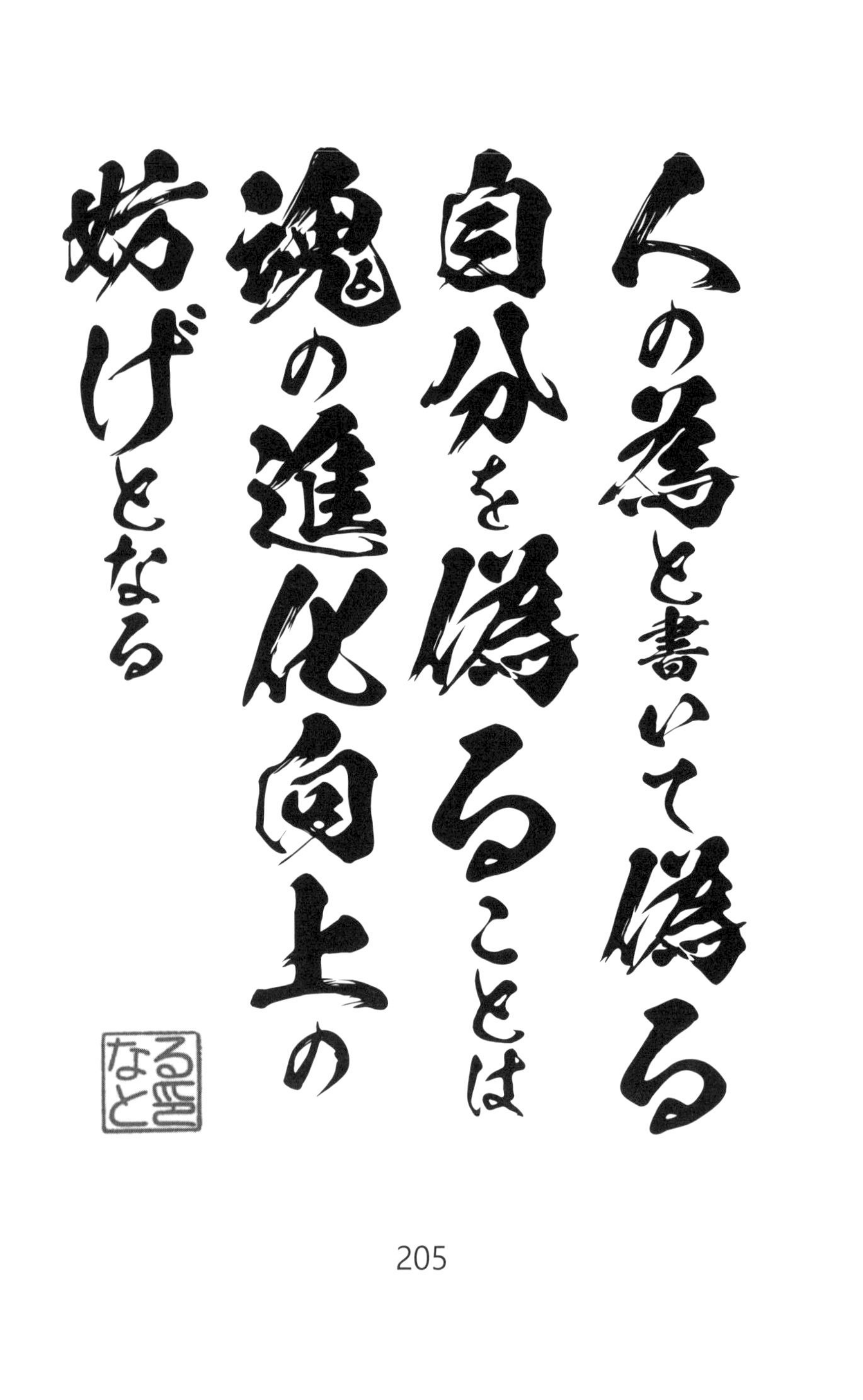

人の為と書いて偽る
自分を偽ることは
魂の進化向上の
妨げとなる

る
なと

死ぬ間際に気付く人生で大切なこと5選

- 他人の目を気にしないこと
- 一瞬一瞬を大切に過ごすこと
- 自分の情熱に嘘を付かないこと
- 批判や愚痴や悩みを減らすこと
- 他人よりも自分の直感を信じること

るなと

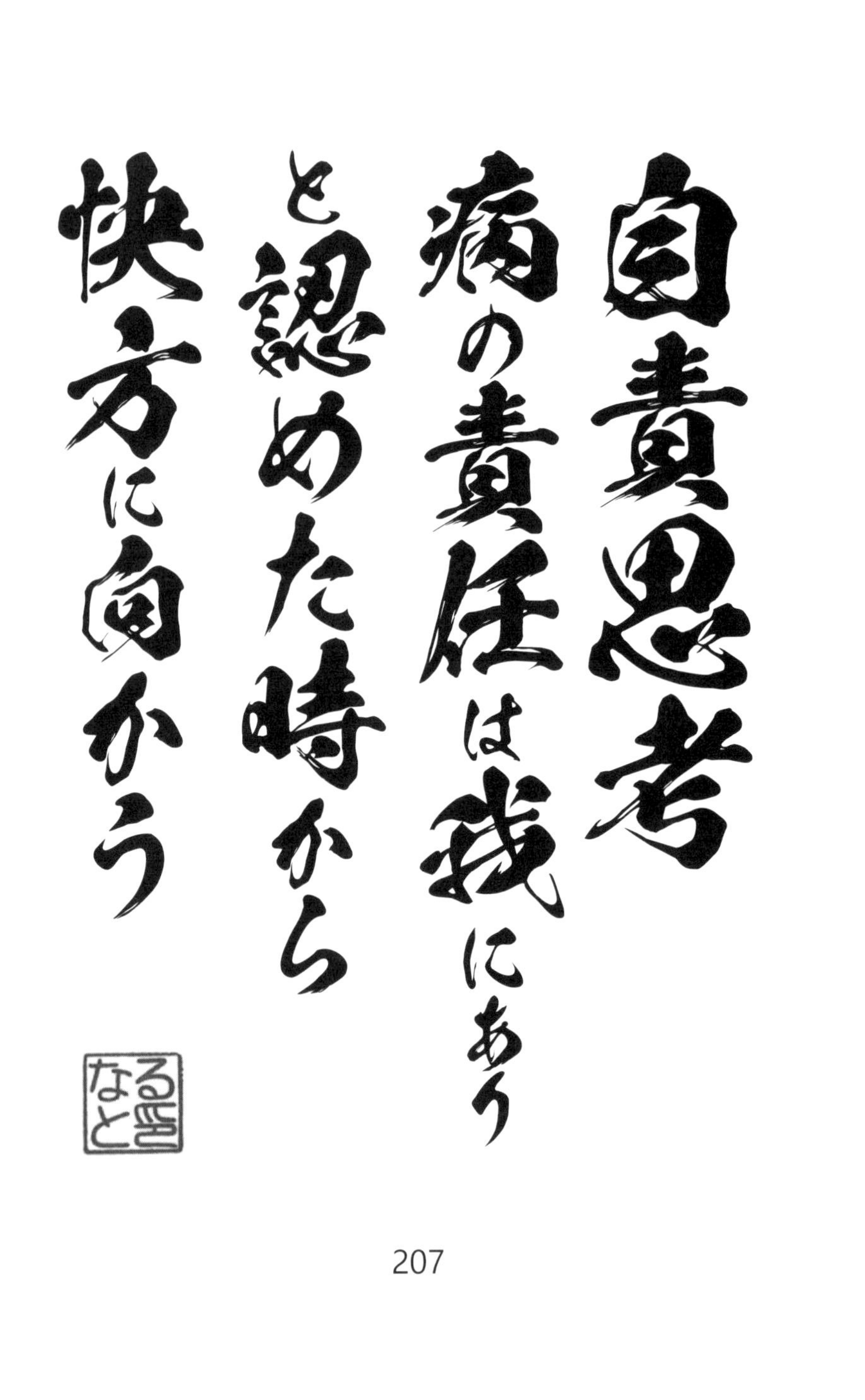

自責思考

病の責任は我にあり

と認めた時から

快方に向かう

君は貴重な存在
良いところも
悪いところも
全てが君の魅力
今の君に最大限の
自信をもっていい

るき
なと

欲望は上手に
活用する
際限のない欲望に
支配されない

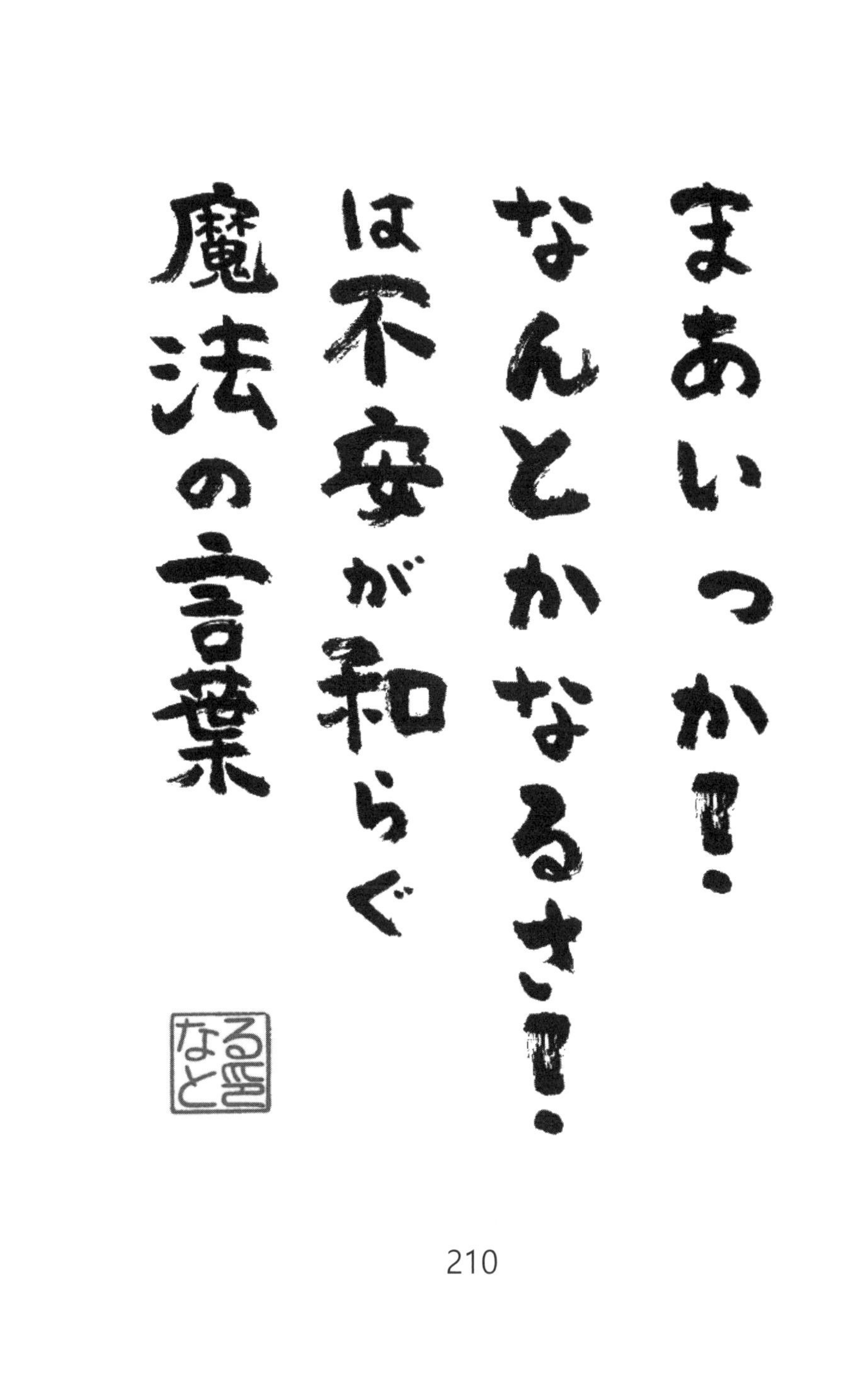

まあいっか!
なんとかなるさ!
は不安が和らぐ
魔法の言葉

永劫回帰（えいごうかいき）世の中の現象は同じようなことを繰り返し、本質は変わらない。しかし全く同じではなく、螺旋階段のように発展しながら繰り返す。

幸せな人生を生きる条件

・我先より譲る

・奪うより与える

・急ぐよりゆっくりする

・競争するより協同する

自分が変われば他人が変わる
他人が変われば集団が変わる
集団が変われば世界が変わる
世界が変われば運命が変わる
運命が変われば来世も変わる
やっぱり始まりはいつも自分

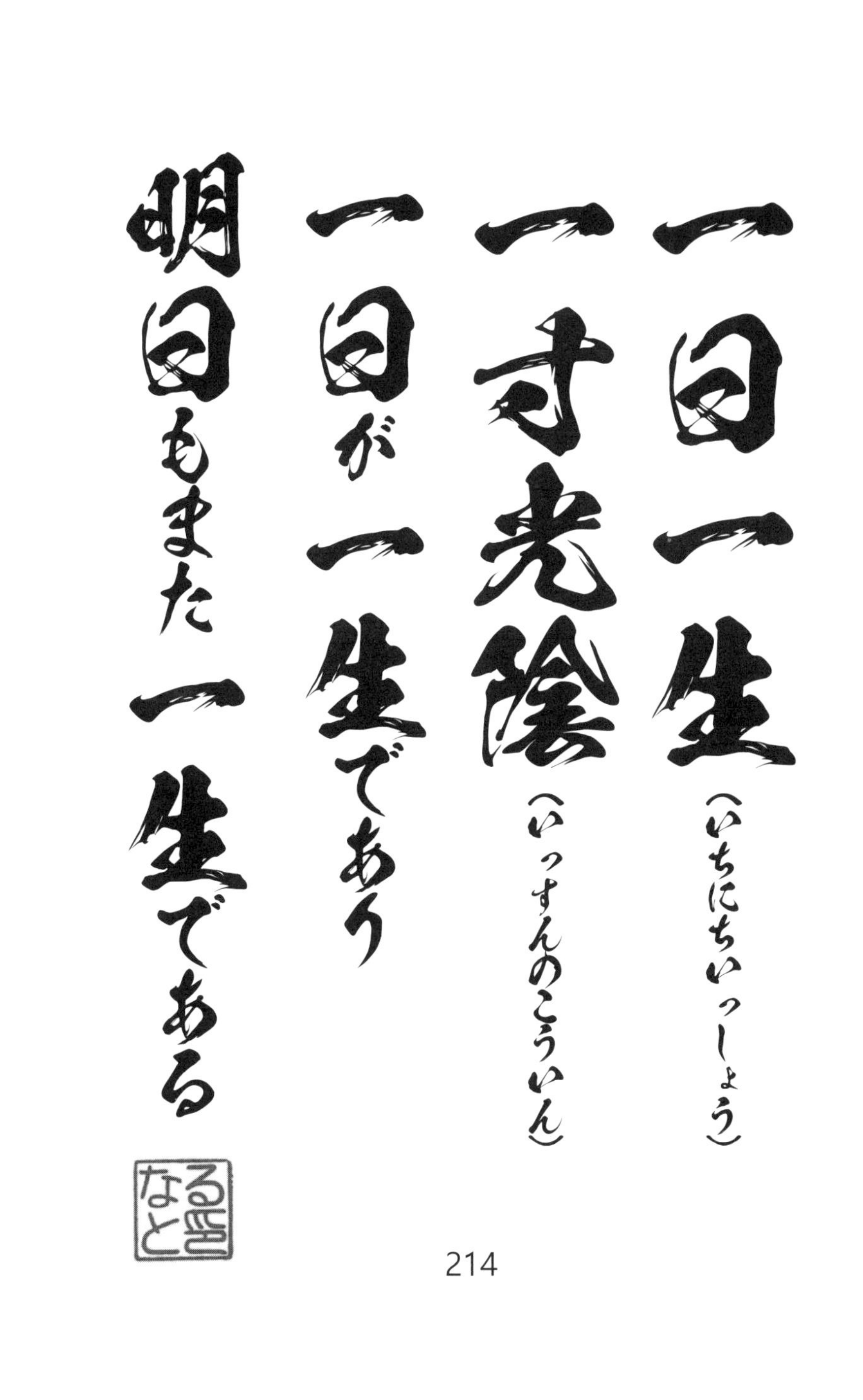

一日一生（いちにちいっしょう）

一寸光陰（いっすんのこういん）

一日が一生であり

明日もまた一生である

失敗した後悔は
小さく出来たけど
挑戦しなかった後悔は
どんどんと大きくなった

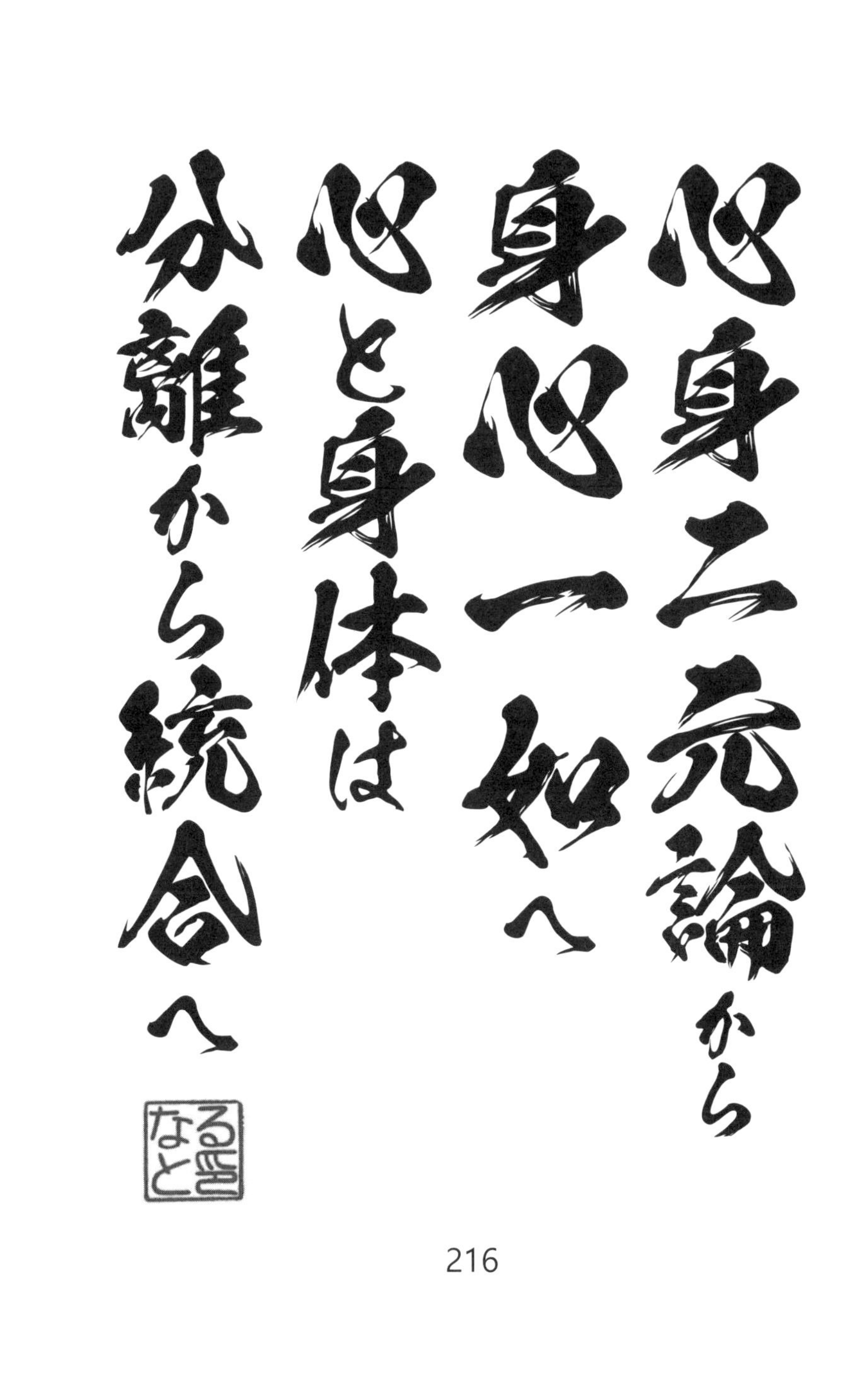

心身二元論から
身心一如へ
心と身体は
分離から統合へ

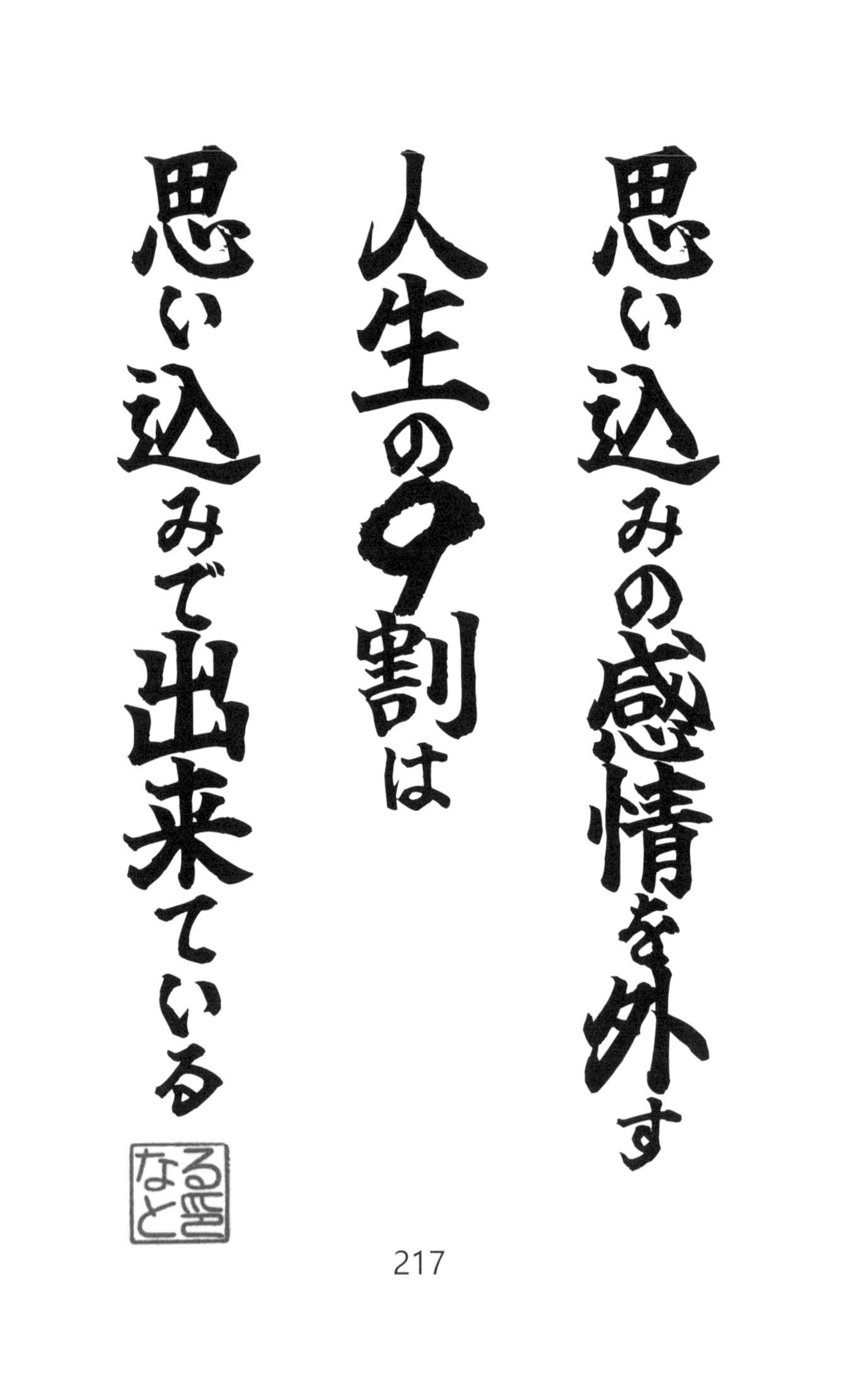

思い込みの感情を外す
人生の9割は
思い込みで出来ている

るなと

自分にとっても良く
相手にとっても良い
着地点を探してごらん
きっと見つかるから

目覚めるというのは
自分の本心に
100%素直になる事

る書
なと

私たちがやりたかった事
それは、喜び、楽しみ、
優しさ、愛する事

過去の自分を振り返る
過去の出来事を
受け入れること
自分の責任で無いこと
許してあげること

るみなと

現代社会のよくある悩み4選

- 先進国ほど幸福度が低い
- 選択肢が増えているのに選べない
- モノがあふれているのに質が落ちている
- 文明が発達しているのに忙しくなる

自分が見ている世界は
目の前の鏡の中の
自分自身だ！
だから興味が無いことは
鏡に映らないのだ！

るなと

物質の断捨離
習慣の断捨離
思考の断捨離
感情の断捨離
宇宙の循環の法則

成功者の絶対法則3選

・信じ続けること

・努力を続けること

・問いかけ続けること

るなと

色即是空（しきそくぜくう）空即是色（くうそくぜしき）
智慧（ちえ）を知れば心が楽になる
即説呪曰（そくせつしゅわつ）羯帝（ぎゃてい）羯帝（ぎ
ゃーてー）波羅羯帝（はらぎゃてい）波羅僧羯諦（はら
そうぎゃてい）菩提薩婆訶（ぼじそわか）
般若心経（はんにゃしんきょう）

敬天愛人（けいてんあいじん）
森羅万象を敬い
すべての人を愛する
そんな人でありたい

支援者を受け入れ
批判者から離れる
自ずと正しい世界に
導かれる

動きながら
考える
動きながら
改善する

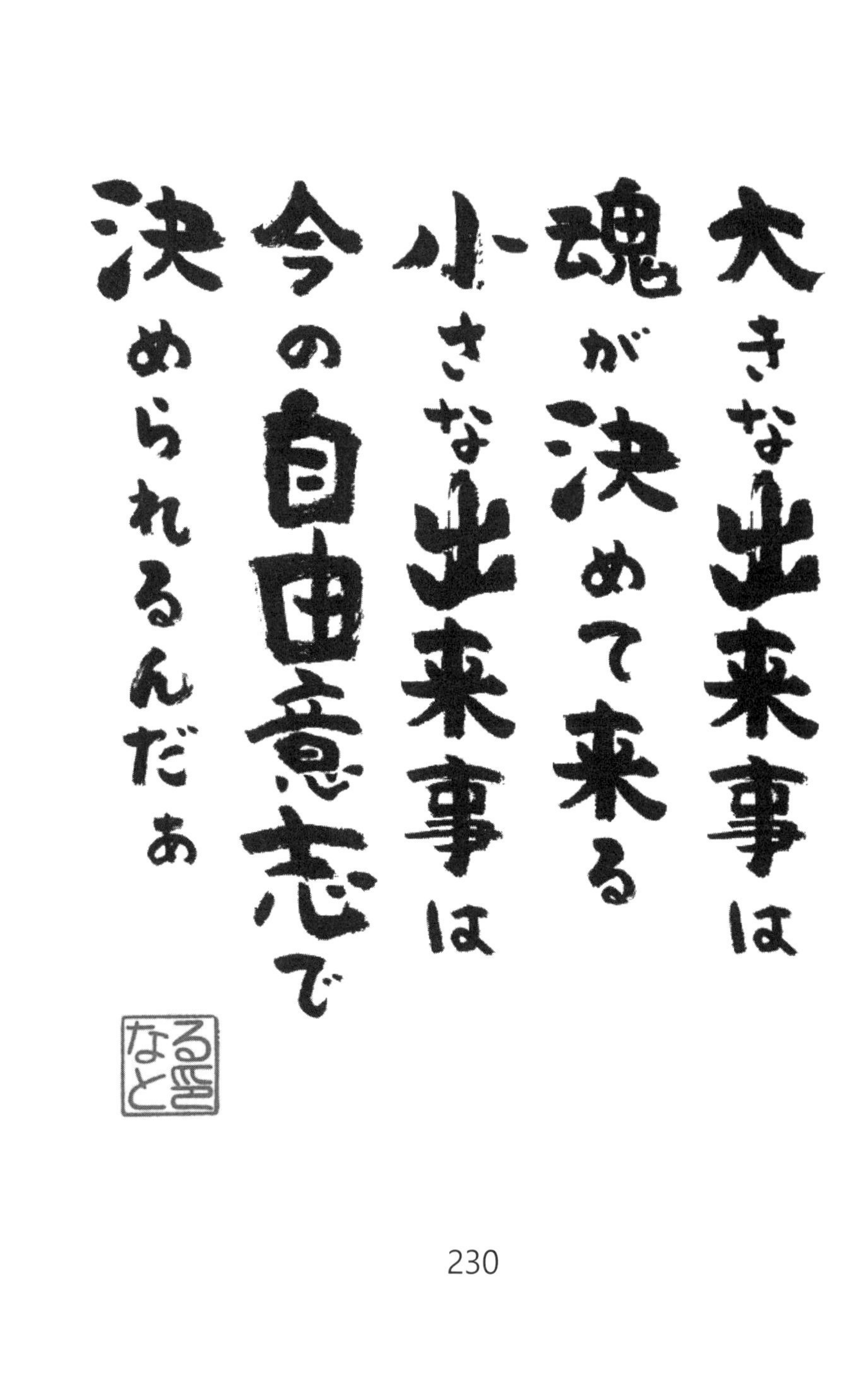

大きな出来事は
魂が決めて来る
小さな出来事は
今の自由意志で
決められるんだぁ

る
なと

比較しないで
参考にする
競合しないで
協力する

るみなと

潜在意識の最深層には
万物万象すべてが繋がる
根源的意識がある
そこは善悪も主語も
時間も存在しない世界
それは大いなる意志である

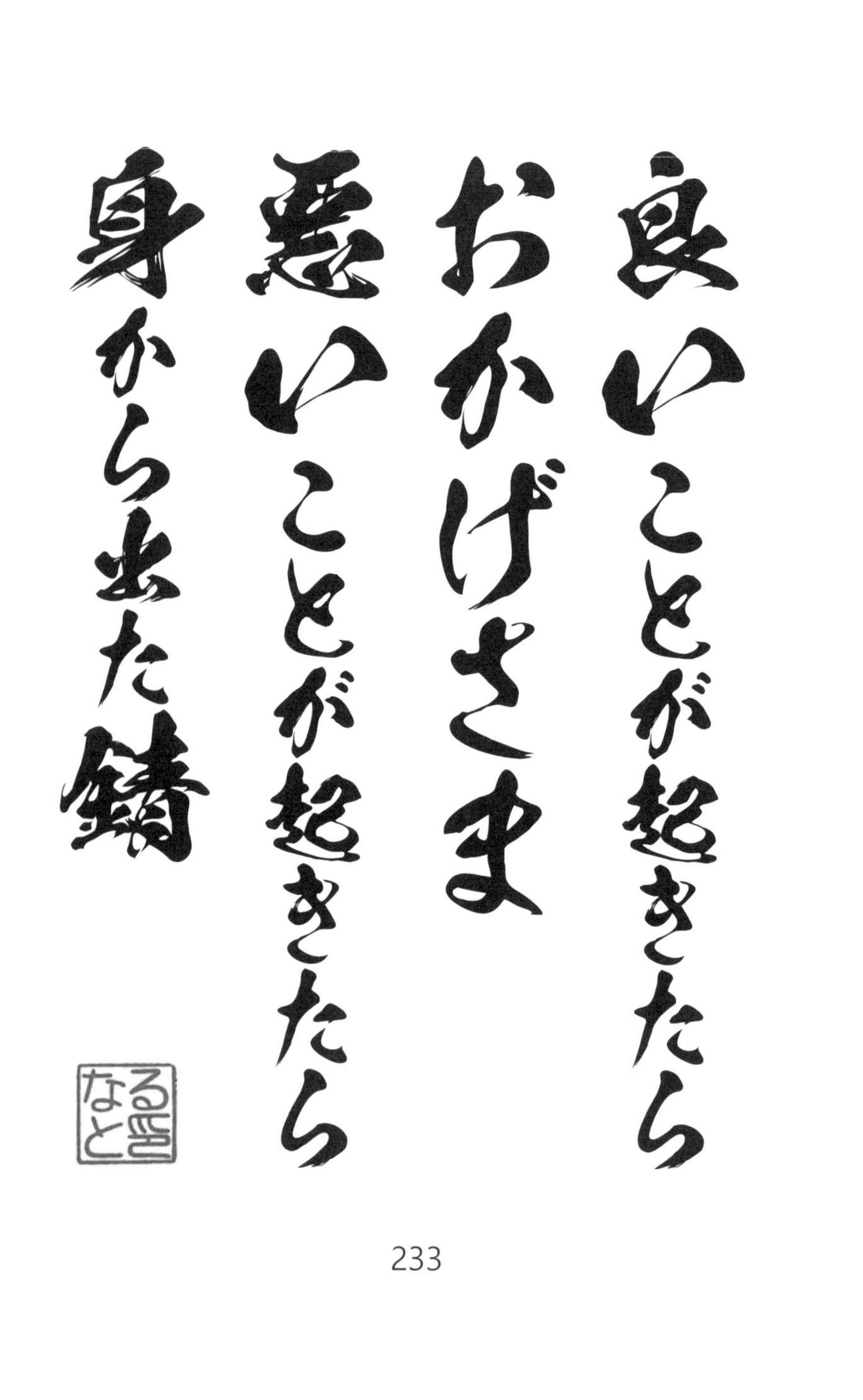

良いことが起きたら
おかげさま
悪いことが起きたら
身から出た錆

るなと

真の積極性とは
相対的な積極性ではない
絶対的な善とは
清く 正しく 尊く

引き寄せのコツ4選

- 現実を受け入れる
- 今ある幸せに気づく
- ワクワクする
- 問いかけ続ける

るなと

他人を批判する人
は依存心が強い
自分自身で
満足できることを
探す能力に欠ける

るなと

批判や悪口は
受け取らない
受取拒否で
相手に返す

新しい時代の
人生の成功とは
毎日が楽しくて
仕方がないこと

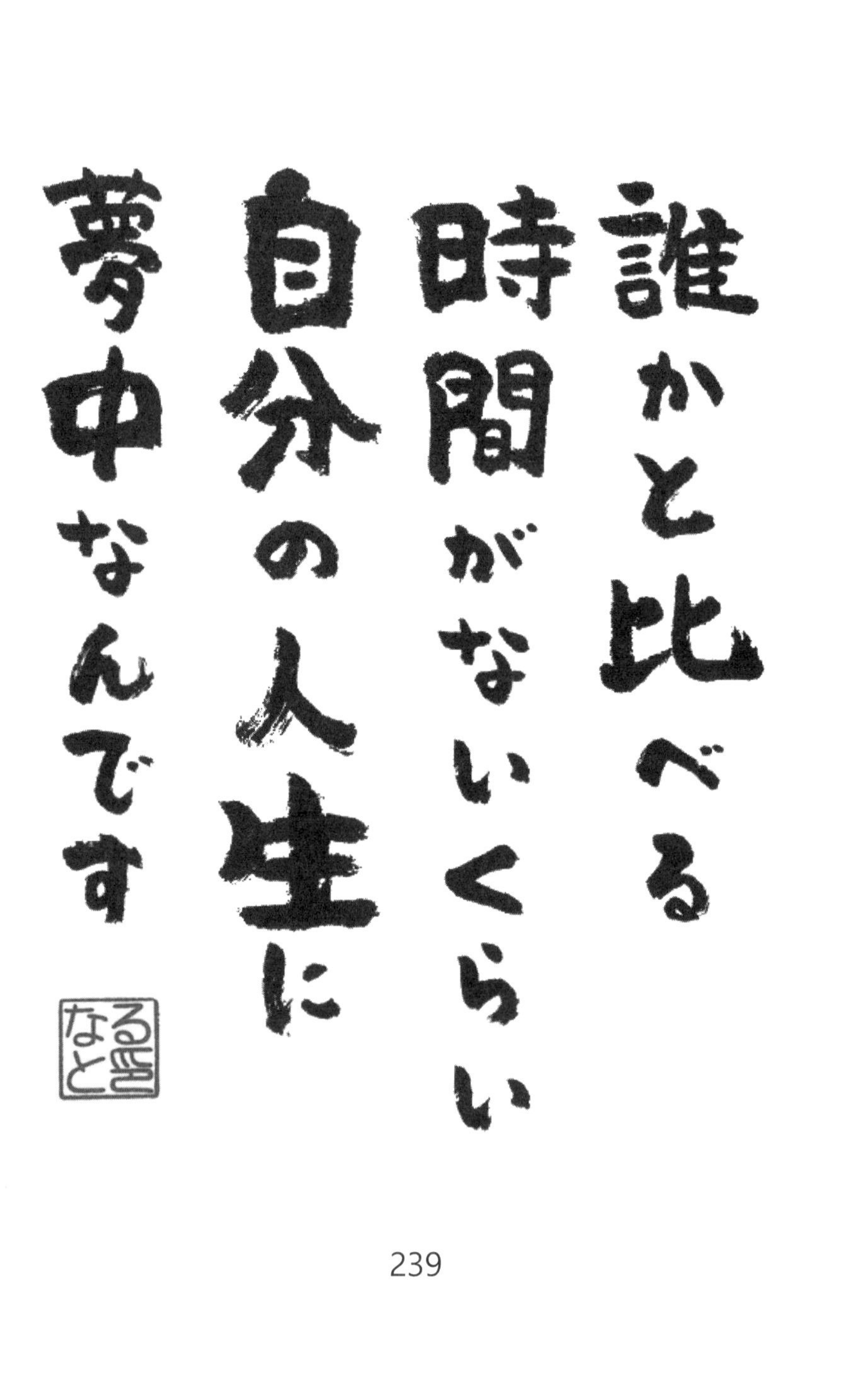

誰かと比べる
時間がないくらい
自分の人生に
夢中なんです

るなと

正論は時として
人を攻撃してしまう
正解と正論は
似て非なり

愚痴や不満や
批判や言い訳や
対立は、幸せの
神様が逃げていく。

あなたは他人の世界
で生きていない
他人もあなたの
期待に応えるために
生きていない

る[illegible]なと

本来無一物（ほんらいむいちもつ）

人間は生まれてきて本来、何も
持っていない。手に入らない
ことを嘆くくらいなら、まずは
自分ができることをやる。

人事を尽くして
天命を待つ
天は自ら助くる者を助く
成果を期待せず
一心不乱に歩む

この世界は、

一期一会（いちごいちえ）であり

諸行無常（しょぎょうむじょう）であり

有為転変（ういてんぺん）であり

盛者必衰（じょうしゃひっすい）である

だから、今を生きる

るみなと

不安の原因の9割は
知らない、分からない、
やったことがない、
だから、怖いのだ。
でも知ったら終いだよ。

人生の決断に
正解なんてない
ましてや社会や他人が
決めるものではない
自分の信じる道を進め！

るなと

君が夢や希望や成功を
成し遂げたいと思うならば
今抱えている不安を捨て
得意で鳥肌が立つ事に
集中するべきだ！

るみなと

精神的に
自立している人ほど
他人に腹を立てない
他人に期待しない
他人に依存しない
他人に応えない

原因がある
きっかけがある
結果に至る
全てに意味がある

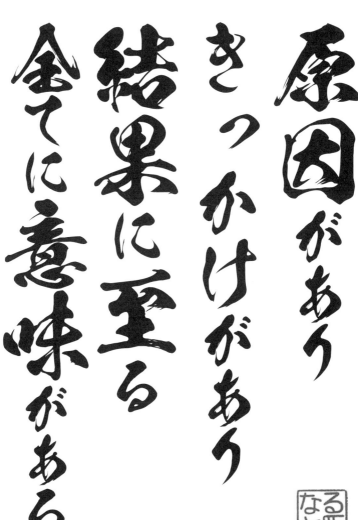

頑張るの語源は我を張る
必死の語源は必ず死ぬ
努力の語源は
奴と力の勝負をする
どれも物質社会や競争社会
や縦社会の象徴的な言葉

宇宙は美しい
地球は美しい
人生は美しい
目覚めると
毎日が美しい

るなと

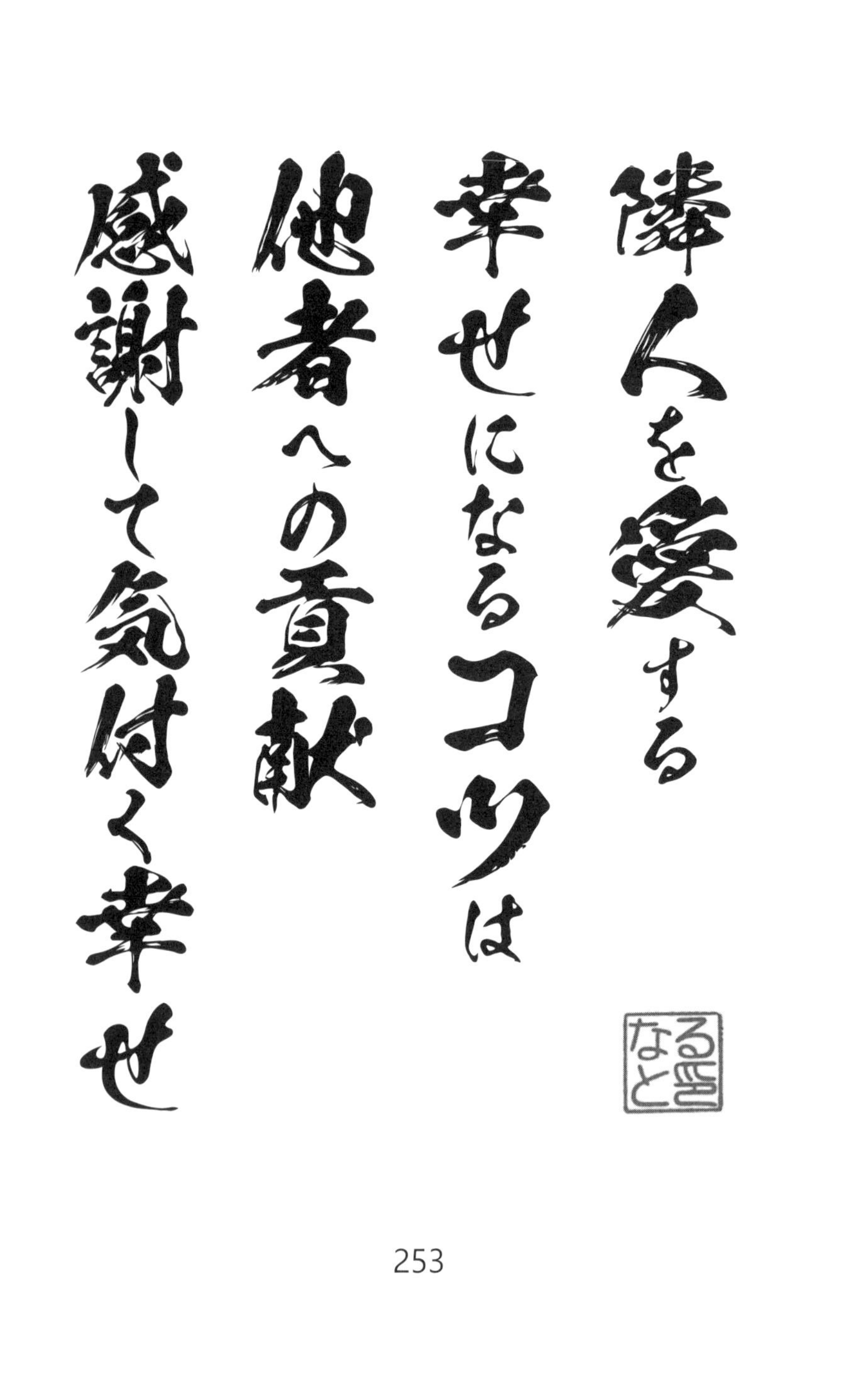

隣人を愛する
幸せになるコツは
他者への貢献
感謝して気付く幸せ

七転八起（しちてんはっき）
不撓不屈（ふとうふくつ）
勇猛精進（ゆうもうしょうじん）
剛毅果断（ごうきかだん）
何事にも諦めない
心を持ちたい

るなと

日常の報道は
悲観的な事ばかりだから
たまには情報から距離
をとってみて

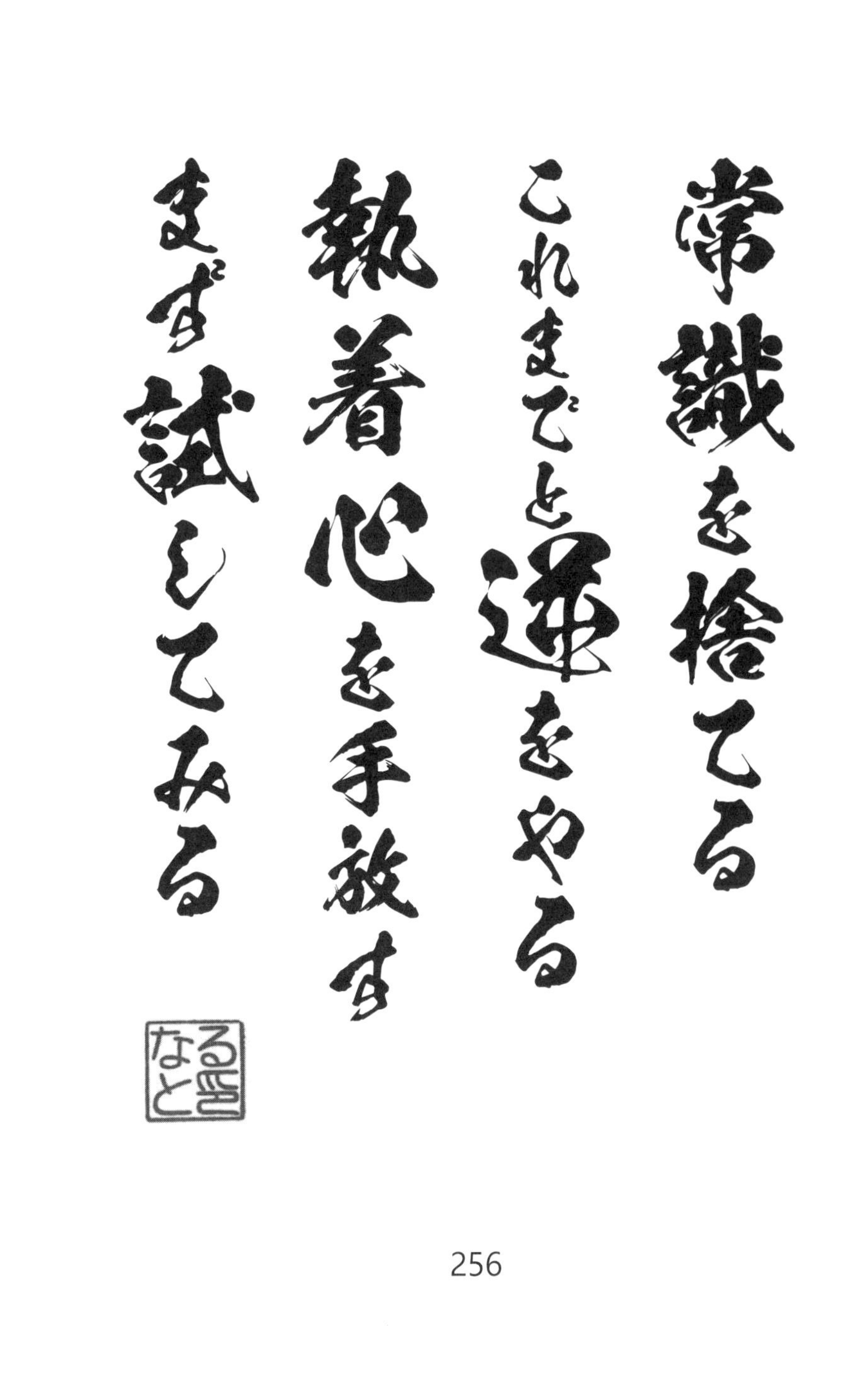

常識を捨てる
これまでと逆をやる
執着心を手放す
まず試してみる

る
なと

今すぐ捨てると人生が好転する事5選

・完璧主義
・批判や愚痴
・過去への執着
・他人との比較
・不健康な食事

戦いは
正を以って合い
奇を以って勝つ
原則を守り
臨機応変に対応する

るみなと

バランスを保たなければ
循環もなく
成長もなく
永続もない

人生の成功は
決して数値目標でもなく
他人からの評価でもない
あなたが幸せであること

るなと

待つことを楽しむ

成り行きに任せる

選べることを歓迎する

自分の基準で決める

劣等感は前向きに頑
張る力になる
劣等感を認め向き合
うことが大切
否定すると劣等コン
プレックスになる

自分と向き合うこと
自分で調べること
自分で考えること
自分で判断すること
自分で責任を取ること
自分を信じること

人間万事塞翁が馬（じんかんばんじさいおうがうま）

人生の幸運や不幸は予測し難い

幸運も喜ぶに足らず、

不幸もまた悲しみにあたらない

結果に囚われない

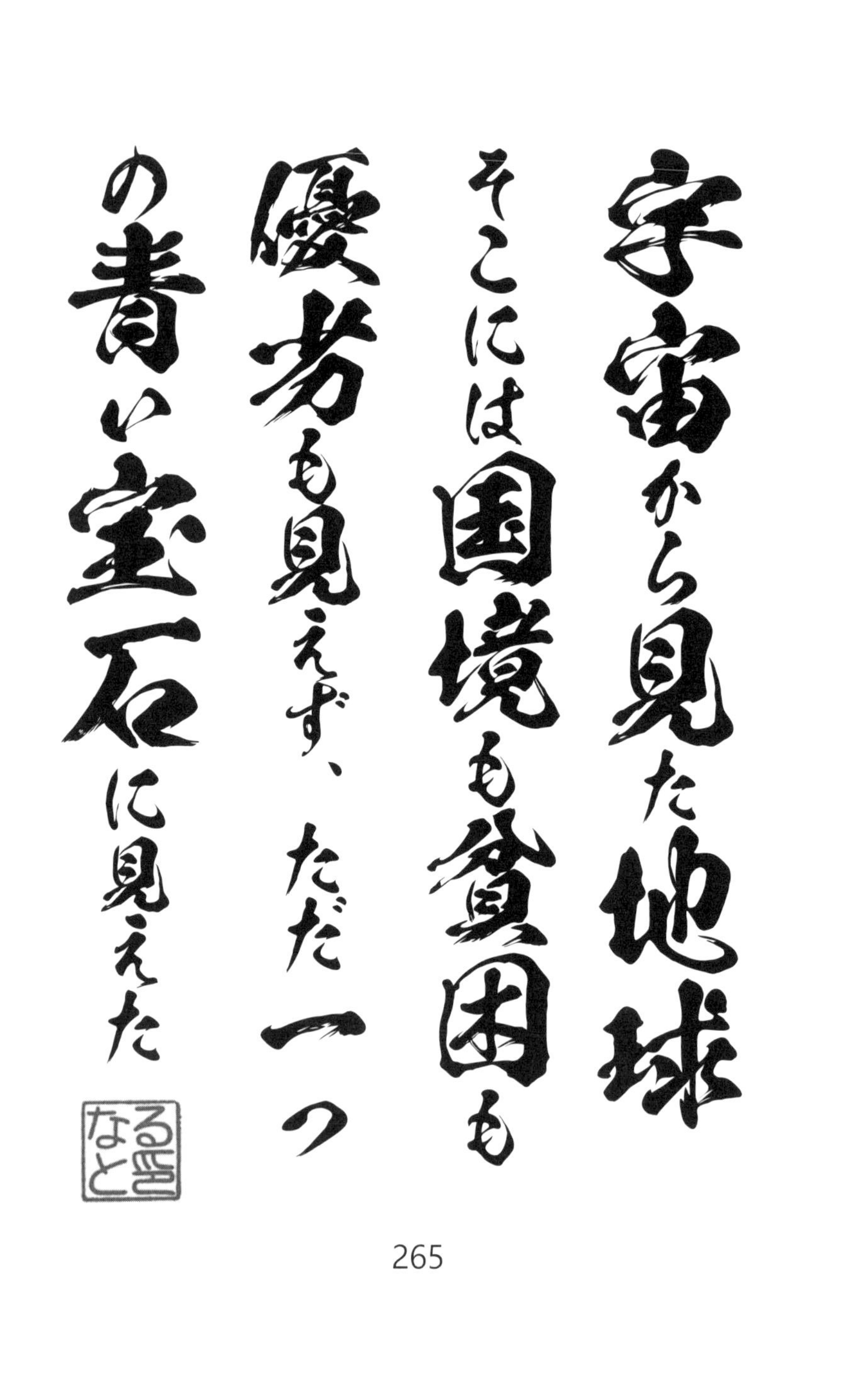

宇宙から見た地球
そこには国境も貧困も
優劣も見えず、ただ一つ
の青い宝石に見えた

るなと

人間はいつまでも
未熟である
満足は成長を止める
未熟と認めると
成長は加速する

子育てのコツ
叱ることではなく
褒めることでもなく
勇気づけること

自分を探して自分を
見つけた人はいない
探し物は見つかっても
すぐ見えなくなる
現実を決めているのは
あなたの今の心の状態や
姿勢や思い込みなんだ

理想を見つけなさい！
行って、会って、
話して、目に焼き
付けなさい！

る
なと

人を苦しめる自由
人を喜ばせる自由
人を楽しませる自由
人を助ける自由
いつも自分で選んでいる

自分の評価を他人に
委ねなくていい！
他人からどのように
思われているかではなく
自分がどう思うかが大事

る[illegible]なと

人生は素晴らしい天国

あなたは

傷つくためではなく

幸せになるために

生まれてきた

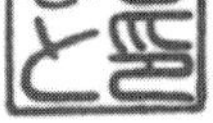

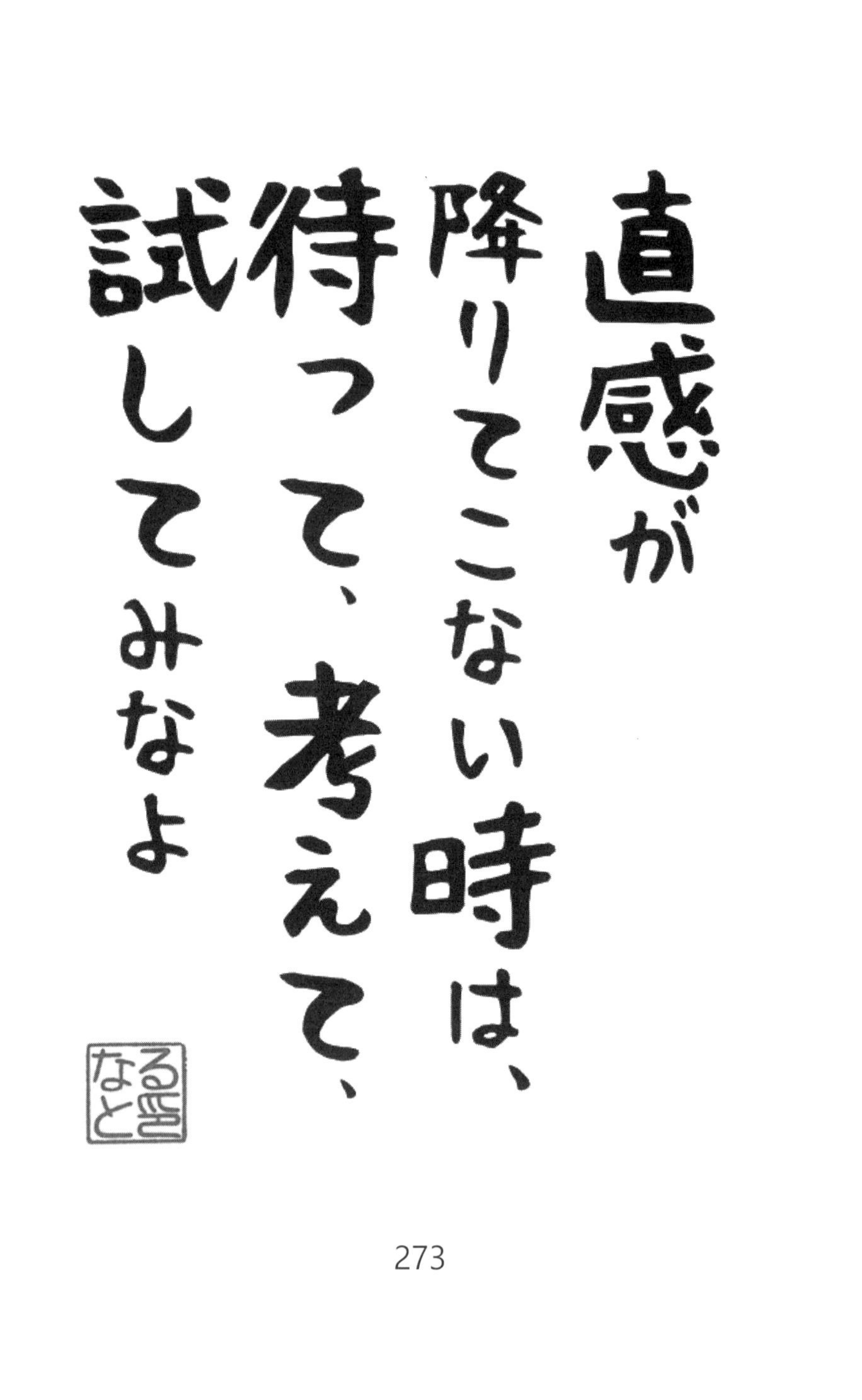

直感が
降りてこない時は、
待って、考えて、
試してみなよ

るなと

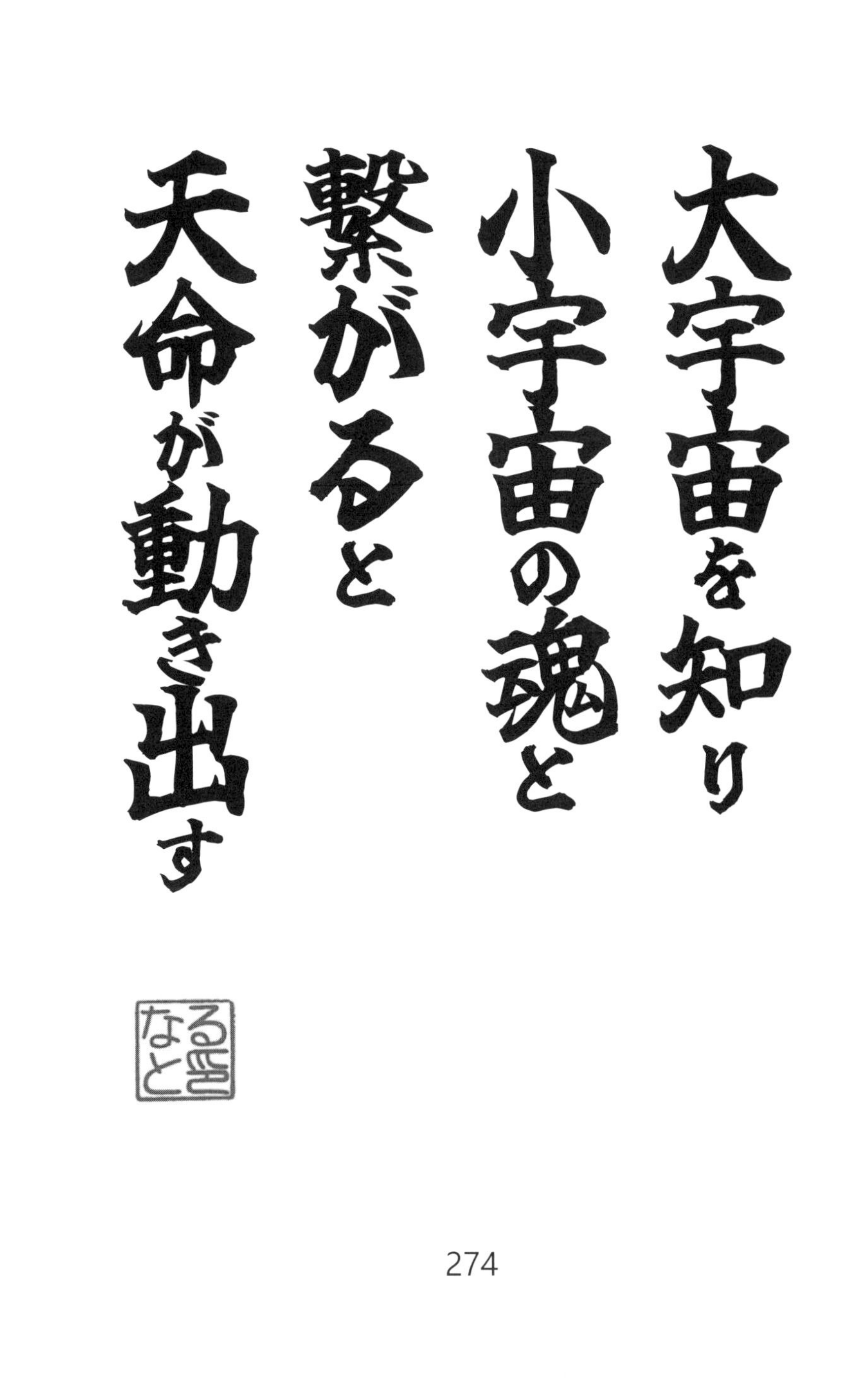

大宇宙を知り
小宇宙の魂と
繋がると
天命が動き出す

時間があるのではない
物質が変化しているのだ
物質は五感が
感じているだけなんだ！

るなと

三次元世界では
できないことも多くあり
失敗もするし
落ち込むこともある
そんな私たちを
大宇宙は誰よりも
愛してくれる

るなと

両忘（りょうぼう）の創造
相対的対立を断ち切る
常識に捕らわれず、偏らない
巧拙（こうせつ）という雑念を
忘れて本質を追求する

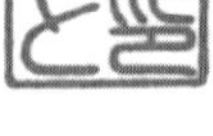

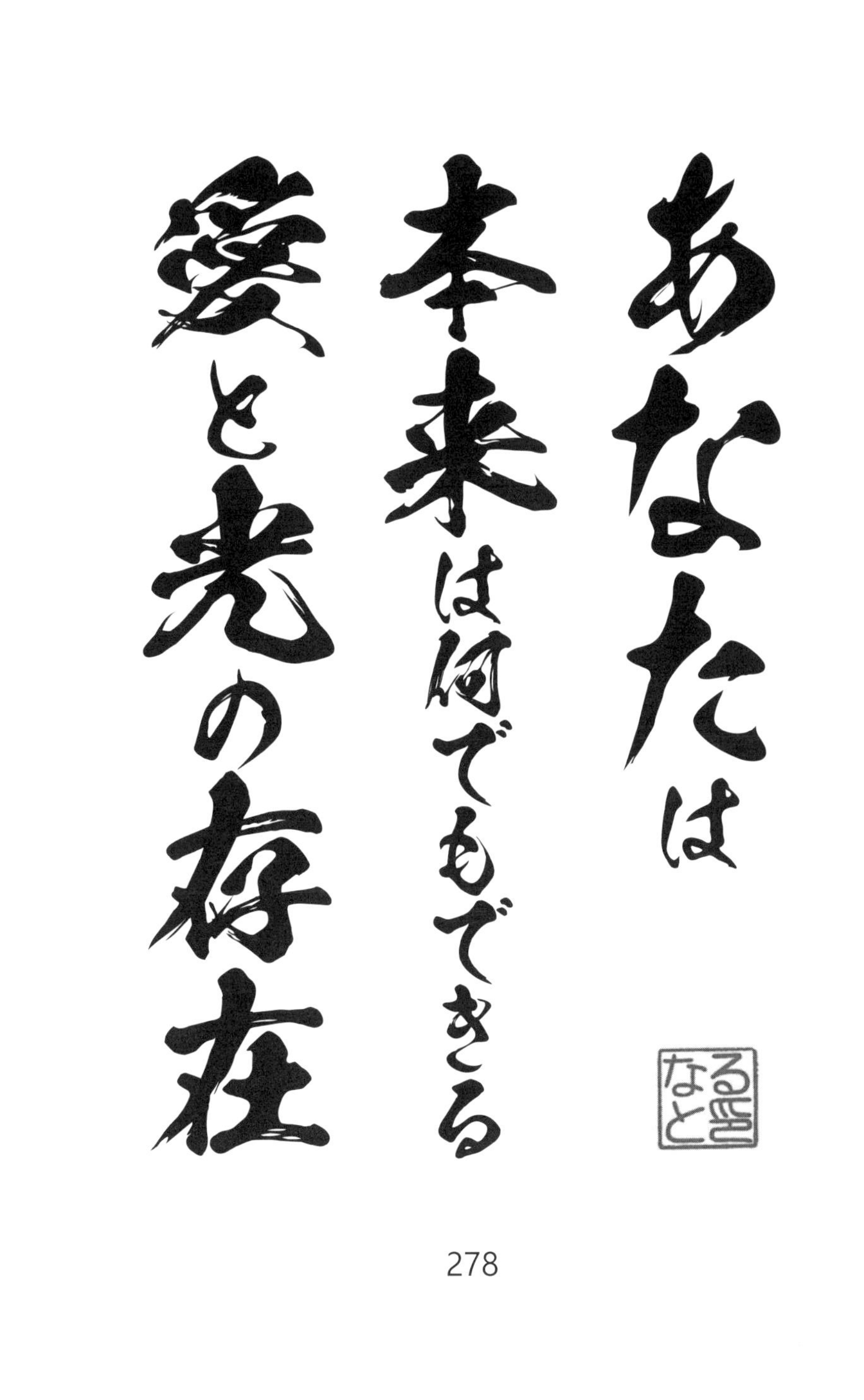

あなたは
本来は何でもできる
愛と光の存在

るなと

たくさん楽しむ
たくさん表現する
たくさん助け合う
たくさん分け合う
たくさん愛し、愛される

居敬窮理（きょけいきゅうり）

宇宙と自己を結ぶもの

形而上と形而下を結ぶもの

それは宇宙の理である

るなと

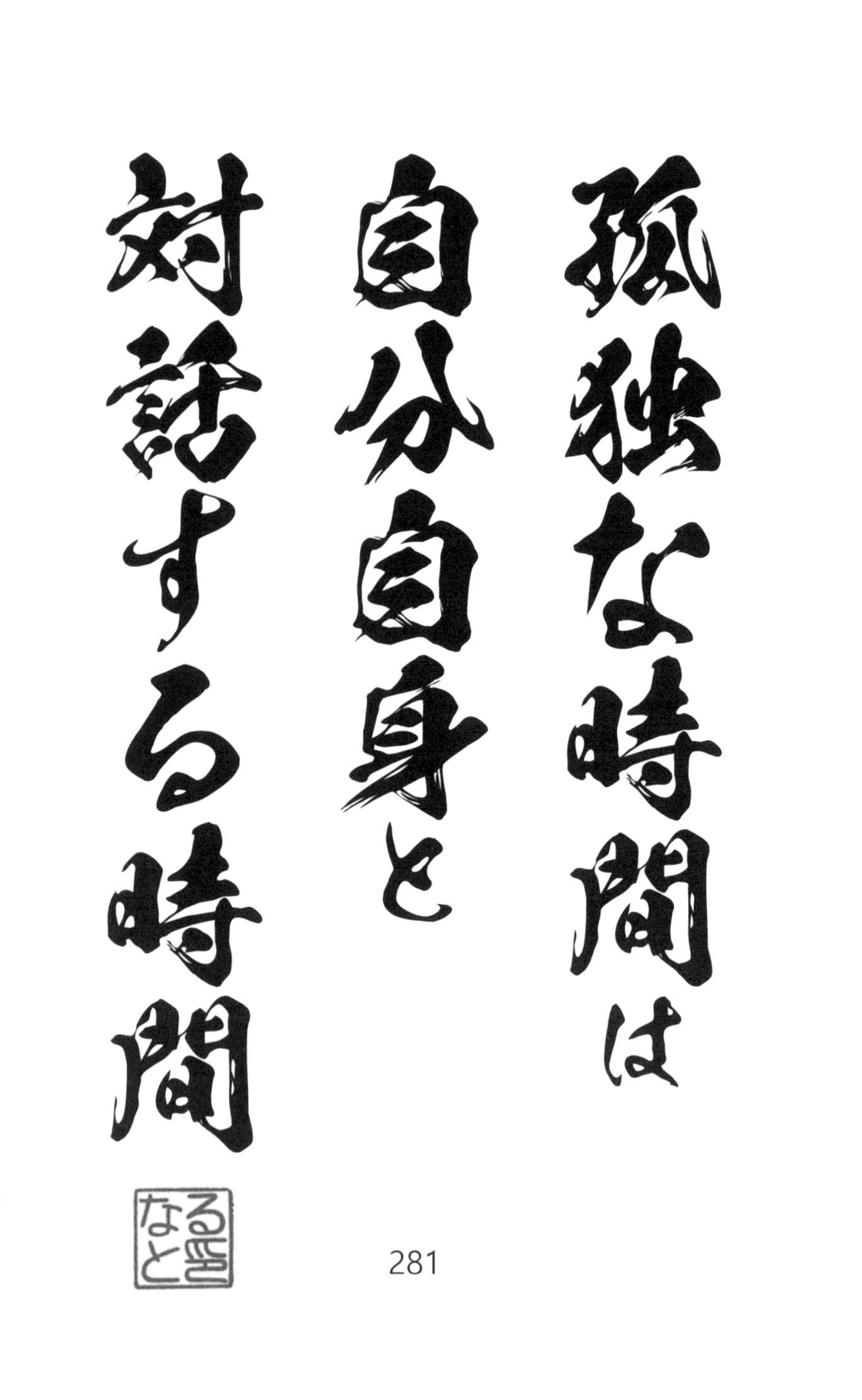

孤独な時間は
自分自身と
対話する時間

やりたいときにやる
やりたくなければ休む
やりたくないことを断る

本当はこれで
良かったのだ
全ては自分の固定した
価値観だったのだ

る
なと

魂はこの世でしか
成長しない
あの世では
同じ波長しか
引き寄せない

辛く悲しい時は
情報を絶ち日を浴びて
汗をかいて早く寝る
そして最高の朝を迎えよう

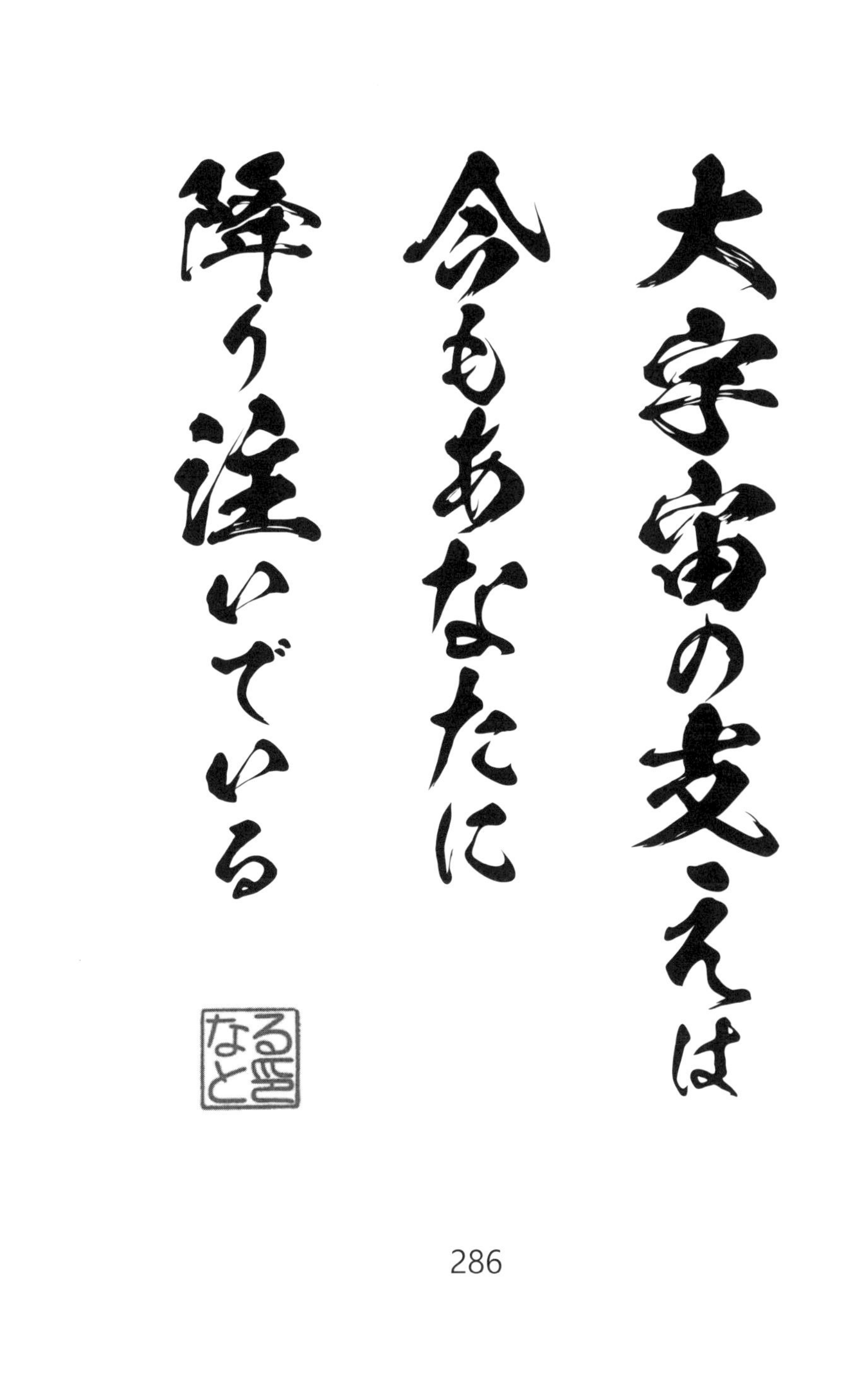

大宇宙の支えは
今もあなたに
降り注いでいる

るなと

運命はいつも
君の味方だよ
望めば幸運も
幸福もやってくる

大きな出来事は
魂が決めて来た
小さな出来事は
今の自由意志で
決められるんだぁ

るなと

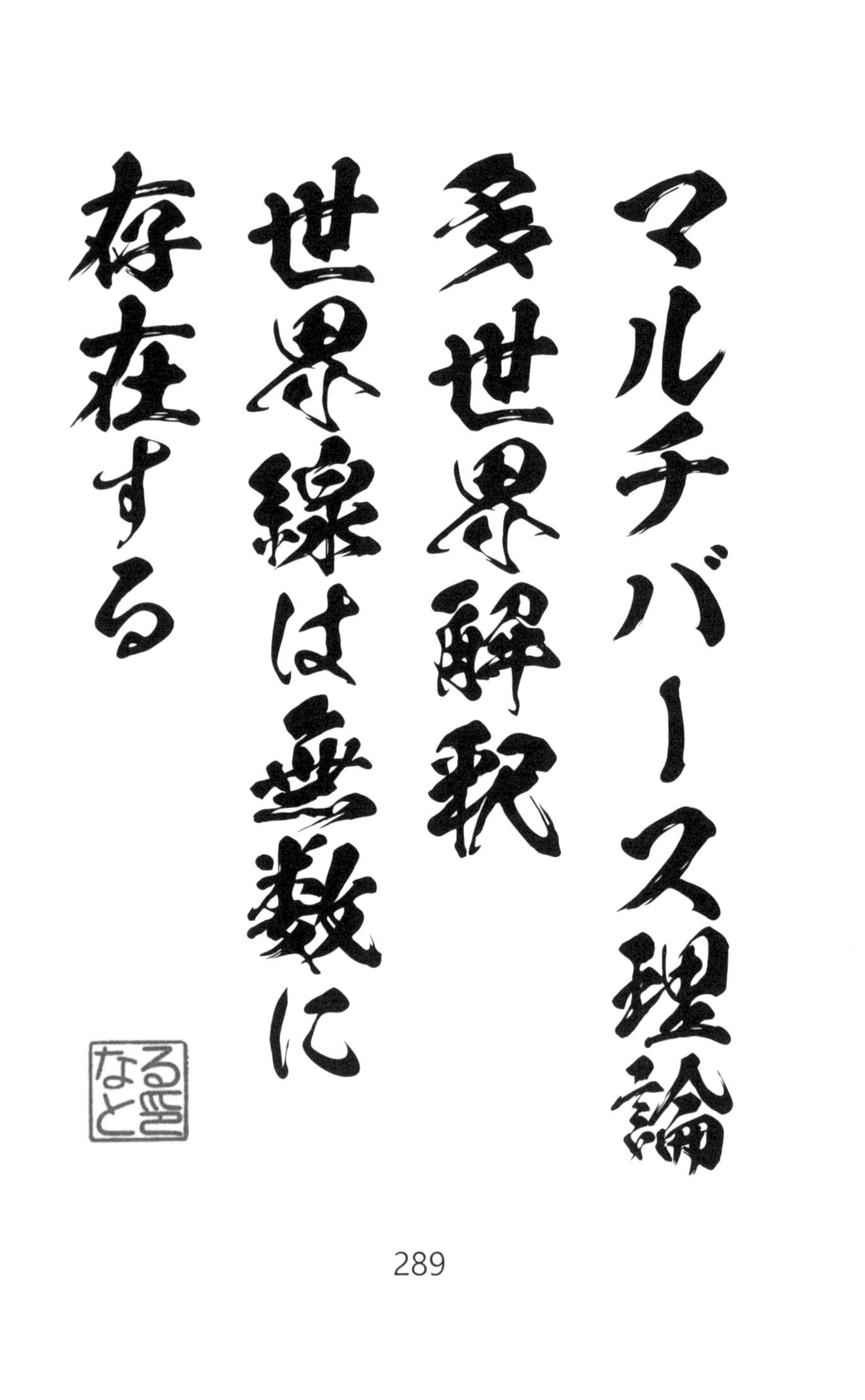

マルチバース理論
多世界解釈
世界線は無数に
存在する

縁なき衆生は度し難し

縁のない存在、すなわち因縁や縁起が結ばれていない衆生（すべての生きとし生けるもの）は、救済や救いに対して容易には到達しづらい。

ありがとう
ありがたい
ただただただ
感謝したい

木を見て
森も観て
華を視る

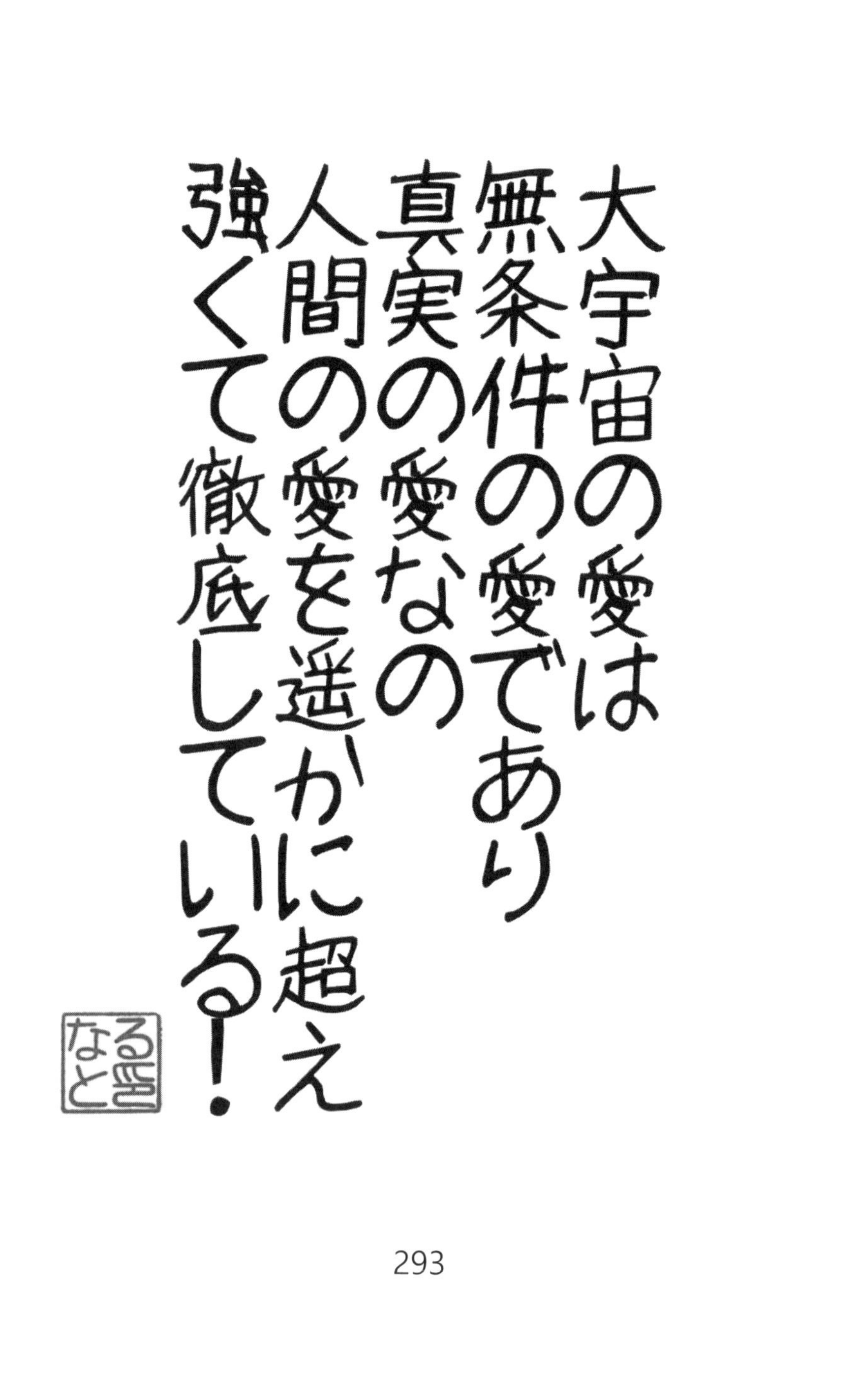

大宇宙の愛は
無条件の愛であり
真実の愛なの
人間の愛を遥かに超え
強くて徹底している！

る
なと

物質主義の
過熱はいずれ
精神主義の
目覚めを促す

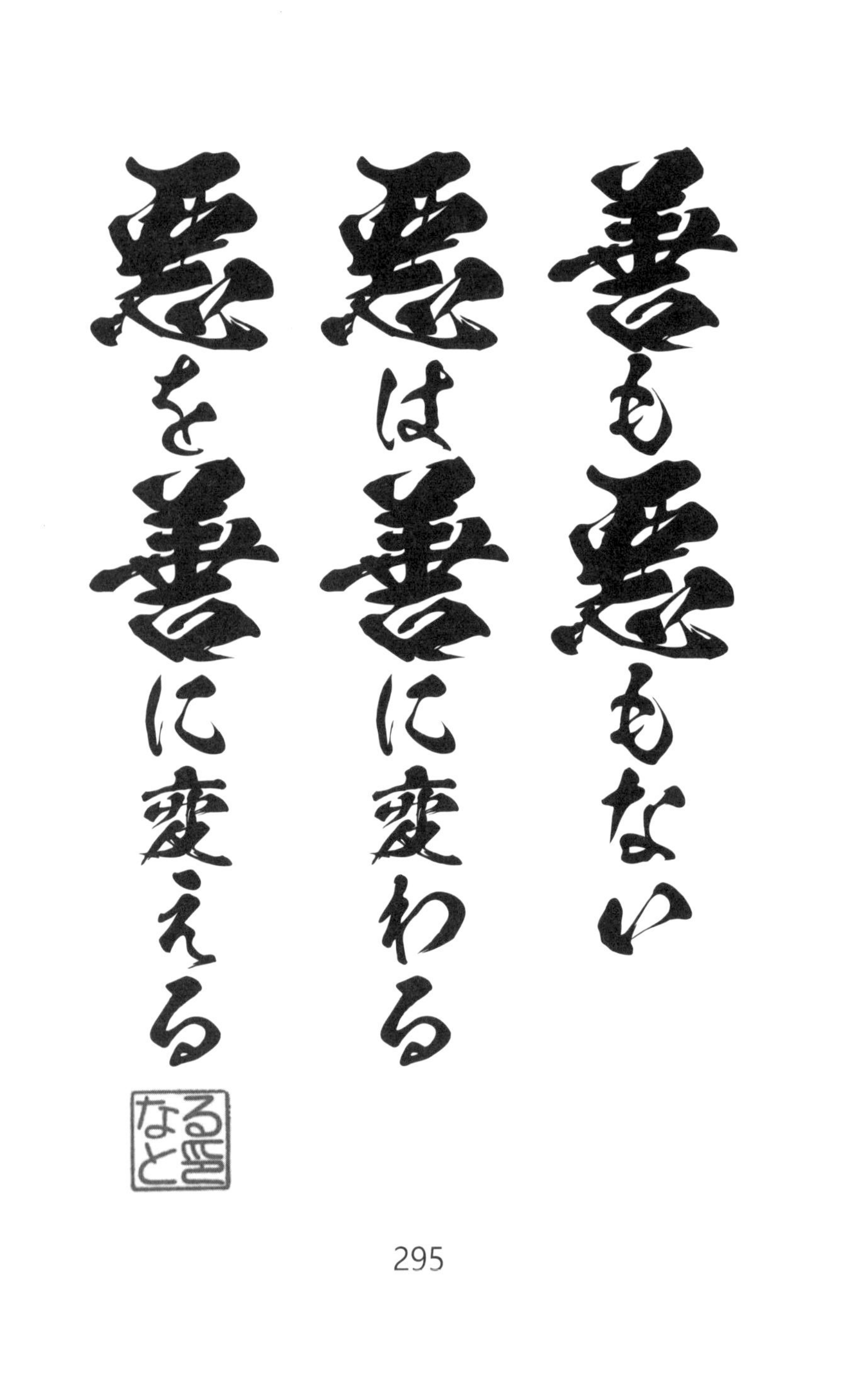

善も悪もない
悪は善に変わる
悪を善に変える

るなと

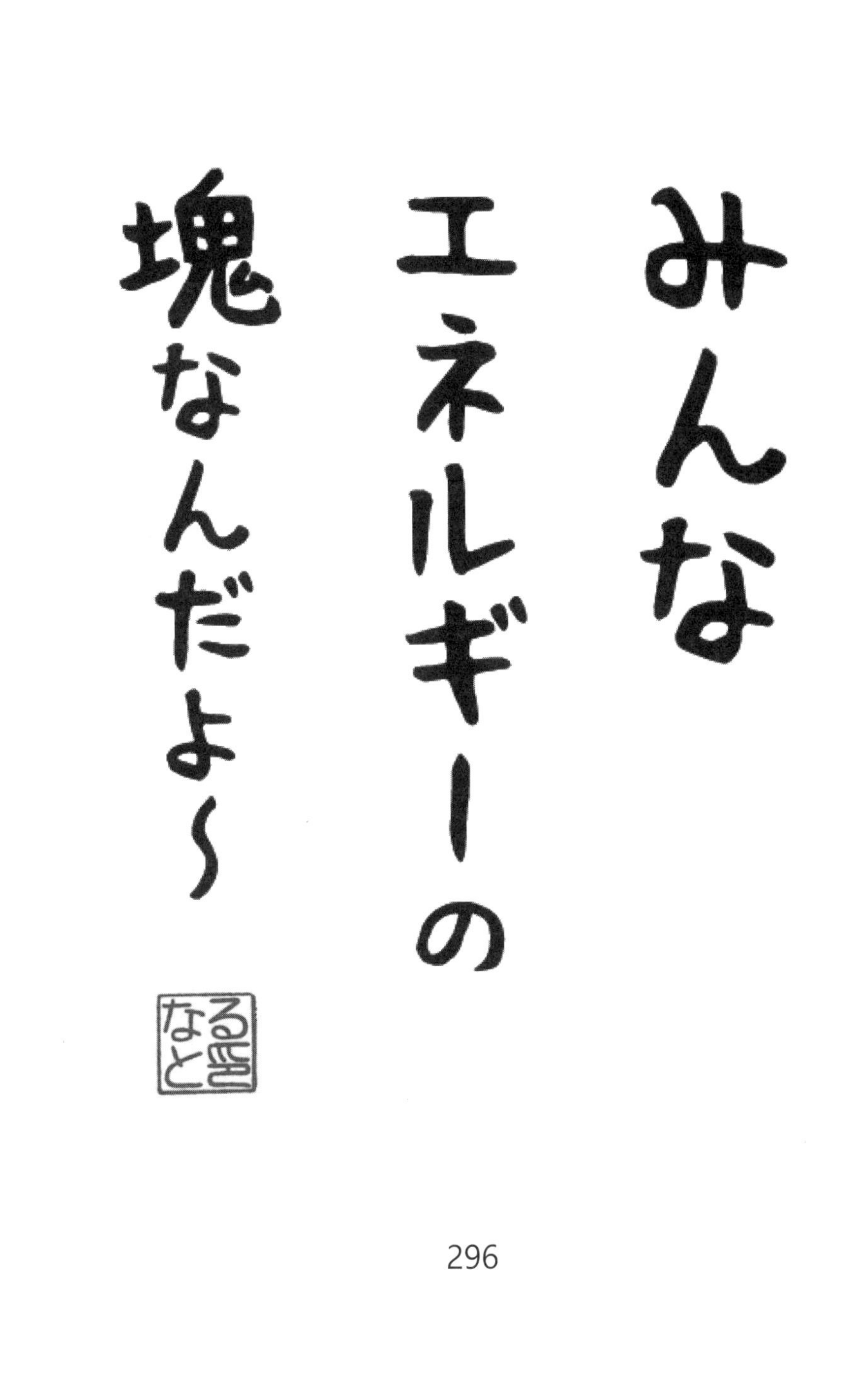

みんな
エネルギーの
塊なんだよ〜

る
なと

諸行無常（しょぎょうむじょう）
破鏡不照（はきょうふしょう）
万物は常に変化する
ゆえに、変化に対応
できない者は淘汰される

君子は矜（きょう）して争わず
群（ぐん）して党（とう）せず
人と争わずに誇を持つ
協調はするが
群れすぎない

分離から統合へ

所有から共有へ

あなたしか変えられない
真実探しの旅に
出るのであれば
内側に向かって！
あなたの内側にこそ
真実があるのよ！

るみなと

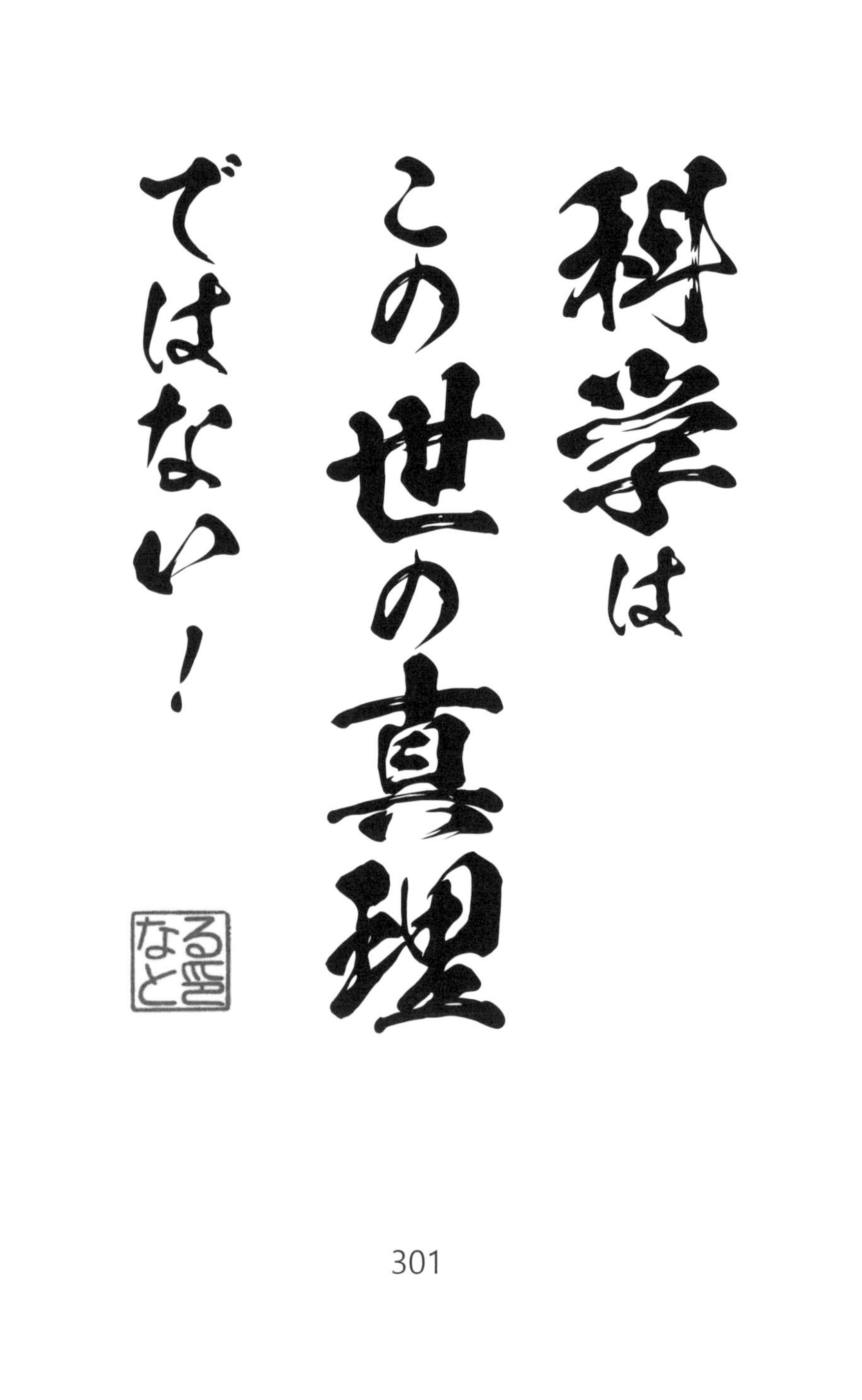

科学は
この世の真理
ではない！

るなと

無限とは
限りの無いこと
それは無限に在ること
つまり一つも無いこと
そして答えが無いこと

比較することから
二極社会は
始まった!

る
なと

AIと愛の恩送り

人は初めて何かに
チャレンジする時
必ず成長する
人は素直になれば
必ず道が開ける

なると

願いの数だけ
可能性がある

るみなと

一点素心（いってんそしん）

物事の本質や真実を見抜く
には一点の素直な心が必要
心眼や慧眼（けいがん）は心が曇って
いると見ている世界も曇る

心機一転（しんきいってん）
気分一新（きぶんいっしん）
緊褌一番（きんこんいちばん）
変化を楽しみ
常に前向きに！

る
なと

ロボットや人工知能に
奪われない人材4選

・講師業
・カウンセラー
・ロボットエンジニア
・オンリーワンの人材

るなと

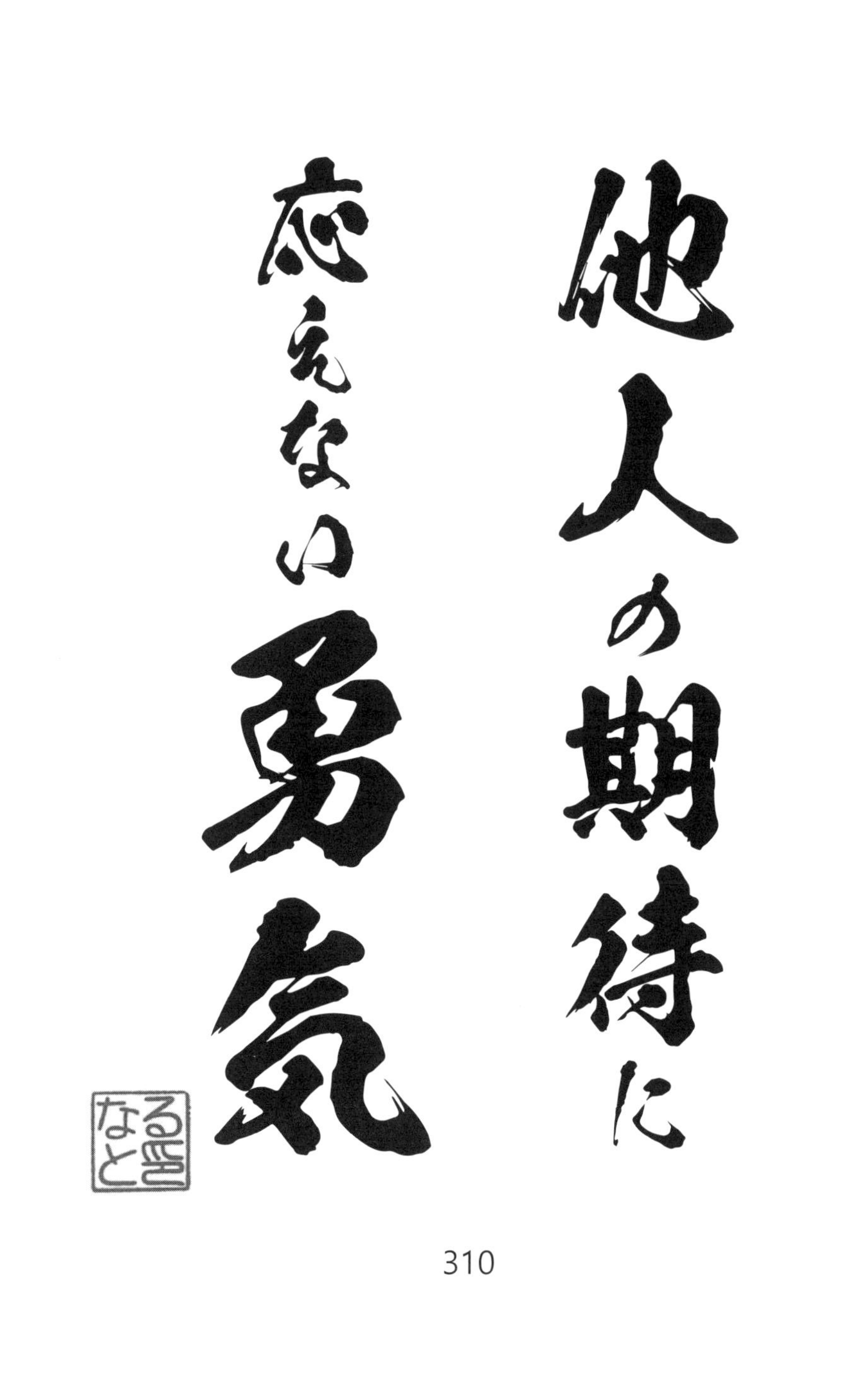

他人の期待に
応えない勇気

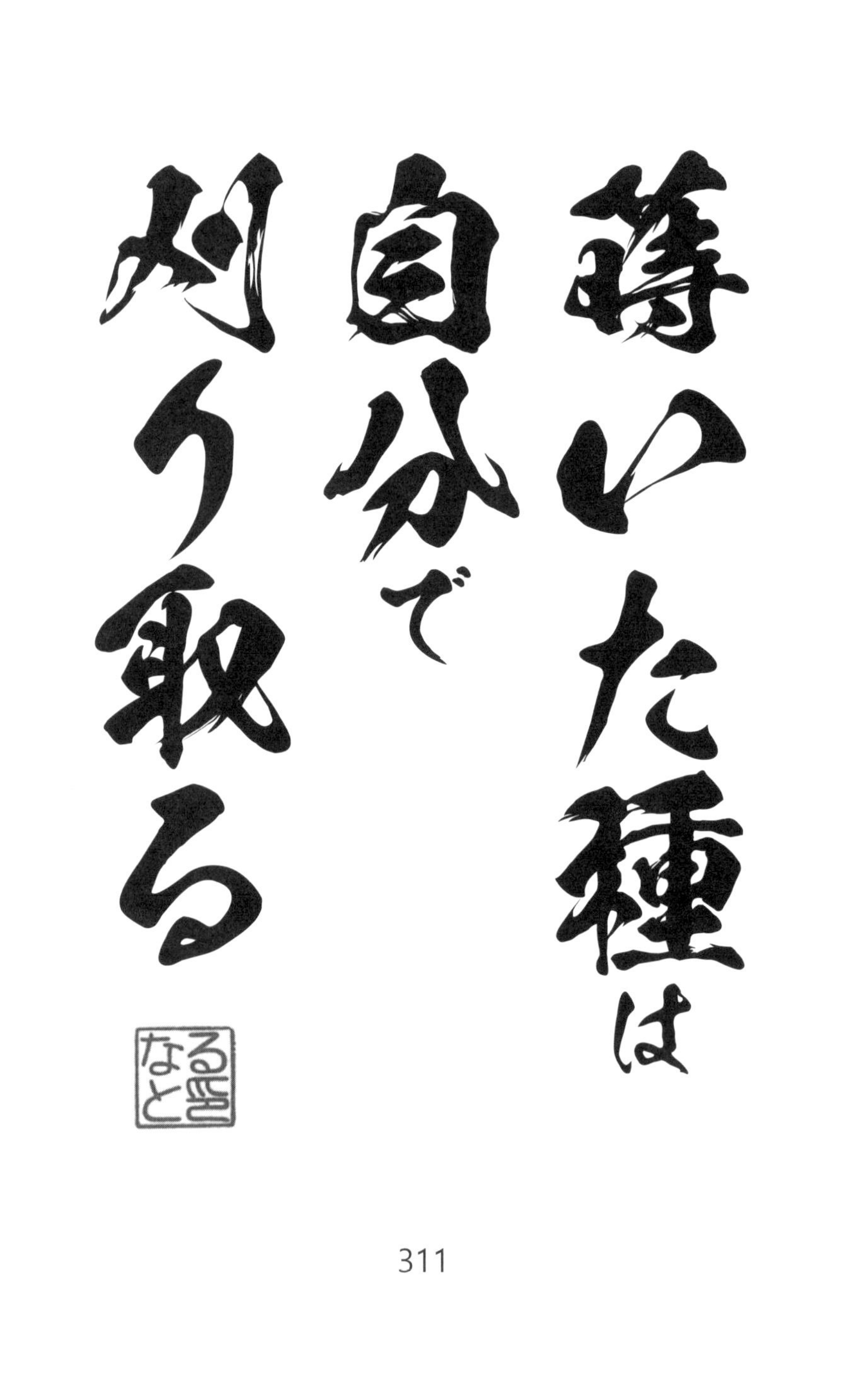

蒔いた種は
自分で
刈り取る

一瞬一瞬の今を
繋いでいるのは君の意識
まるで、パラパラ漫画の
親指のようなものさ

心配事の9割は
起きないから大丈夫！
リスクを想定し
楽観に生きよう

善も悪も
良きも悪きも
好きも嫌いも
優れるも劣るも
みな人間社会が作った
固定した価値観なんだよ

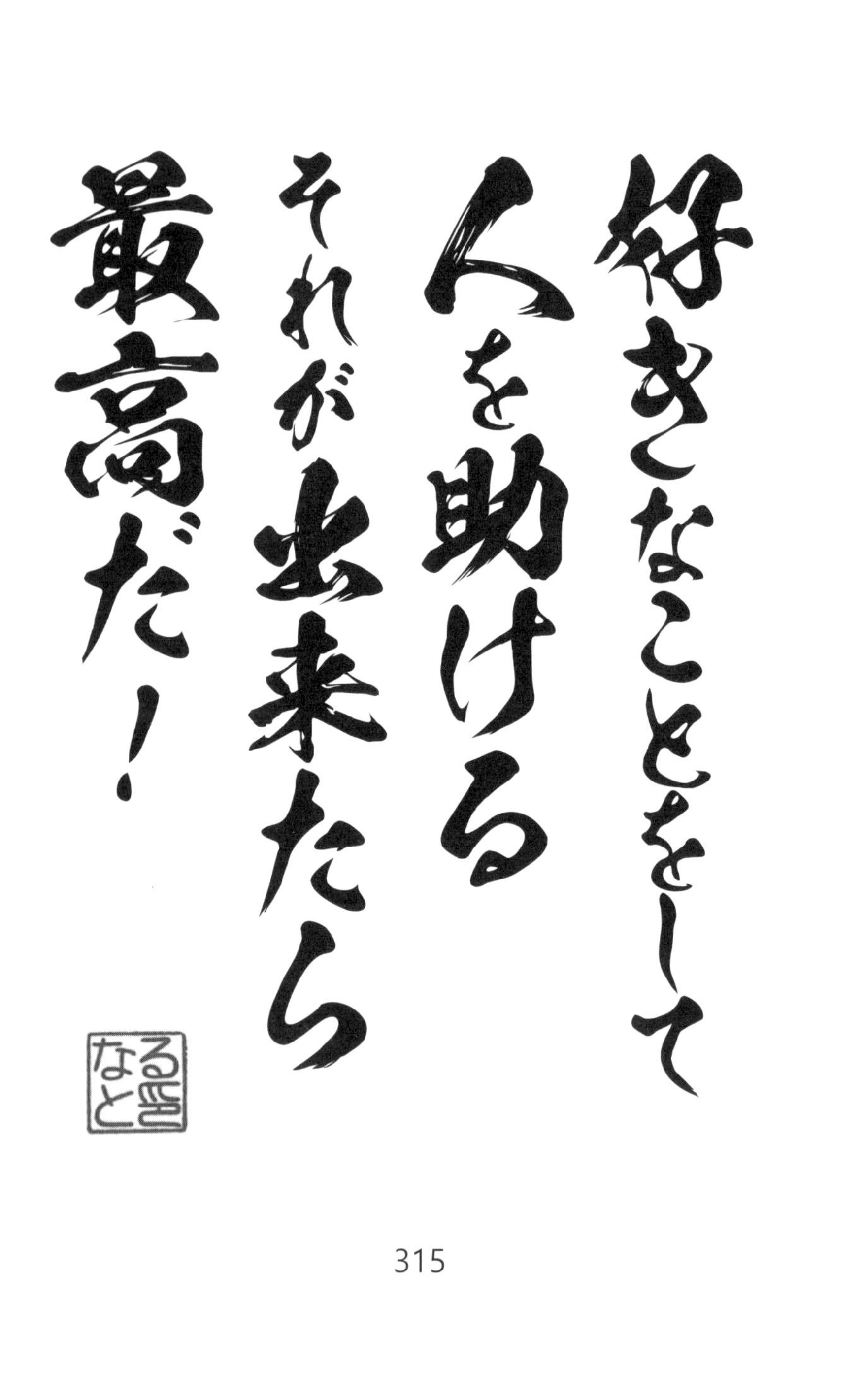

好きなことをして
人を助ける
それが出来たら
最高だ！

る
なと

小さな変化を見逃さない
ヒントやチャンスは
今日も、今も、この瞬間も
あなたに贈られている

成功は幻
達成感はすぐに
不足感に変わる

るなと

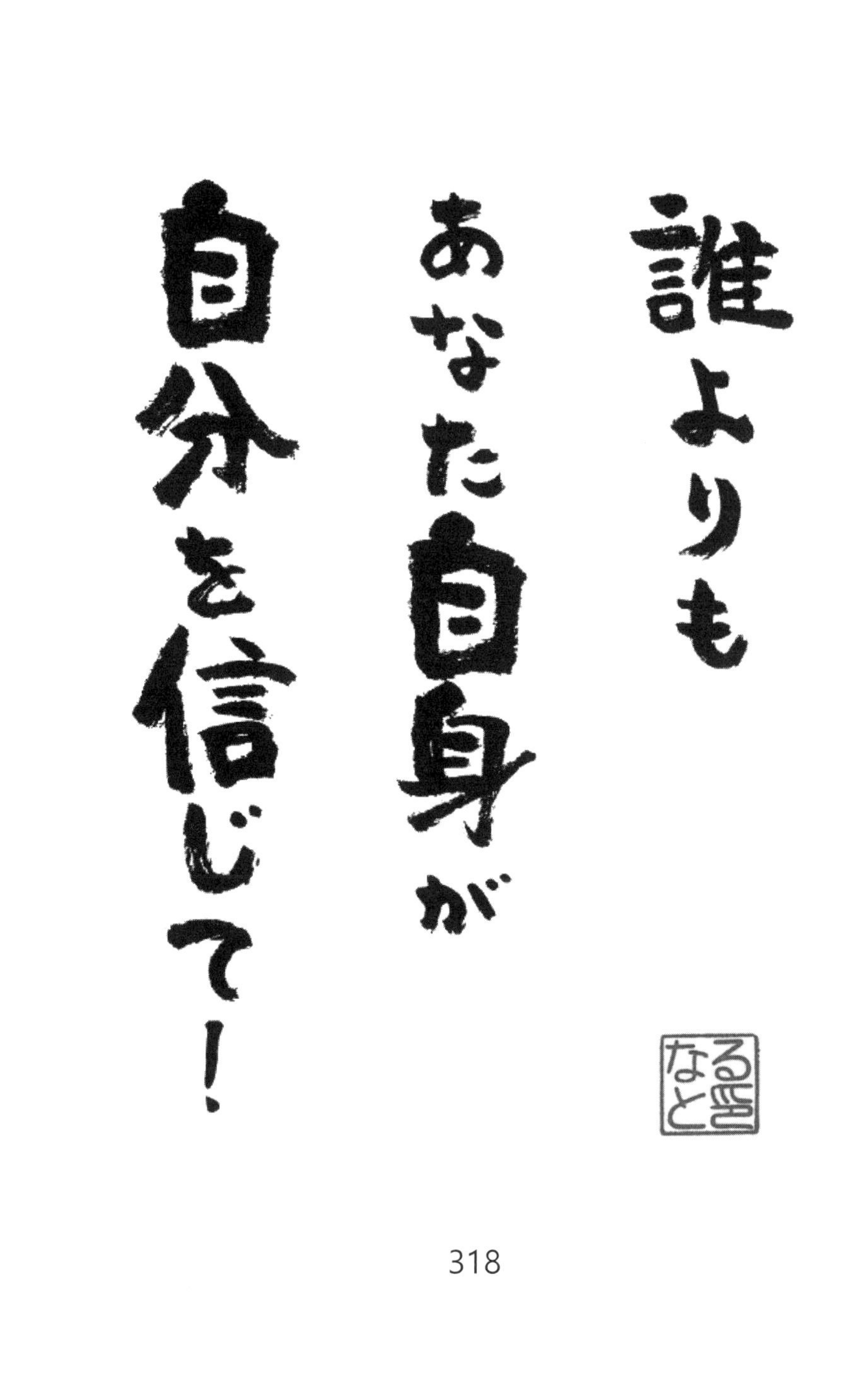

誰よりも
あなた自身が
自分を信じて！

宇宙の動きは全部
螺旋構造をしている。
そう、宇宙は成長と
進化向上を
求めているのだ！

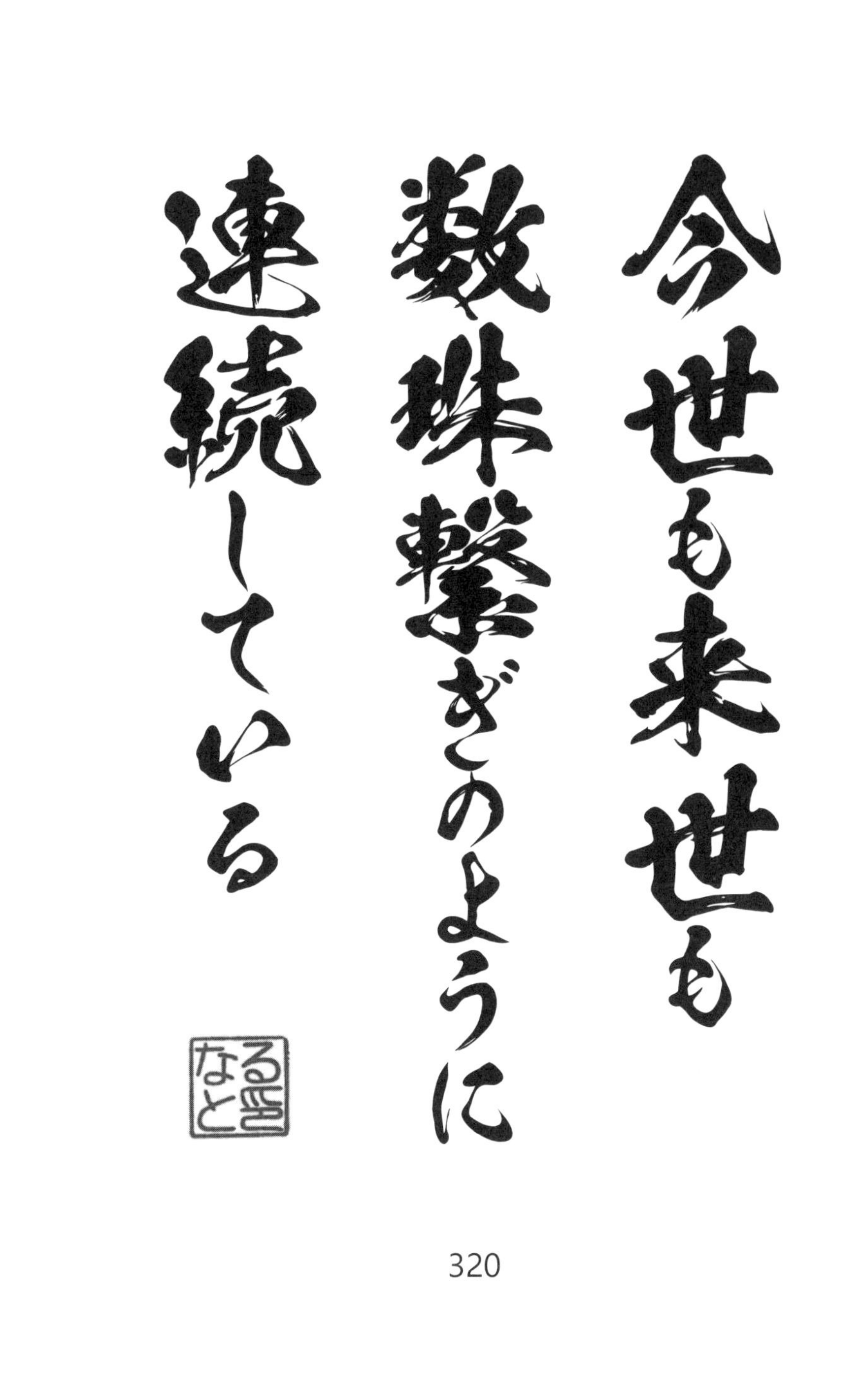

今世も来世も
数珠繋ぎのように
連続している

る[illegible]なと

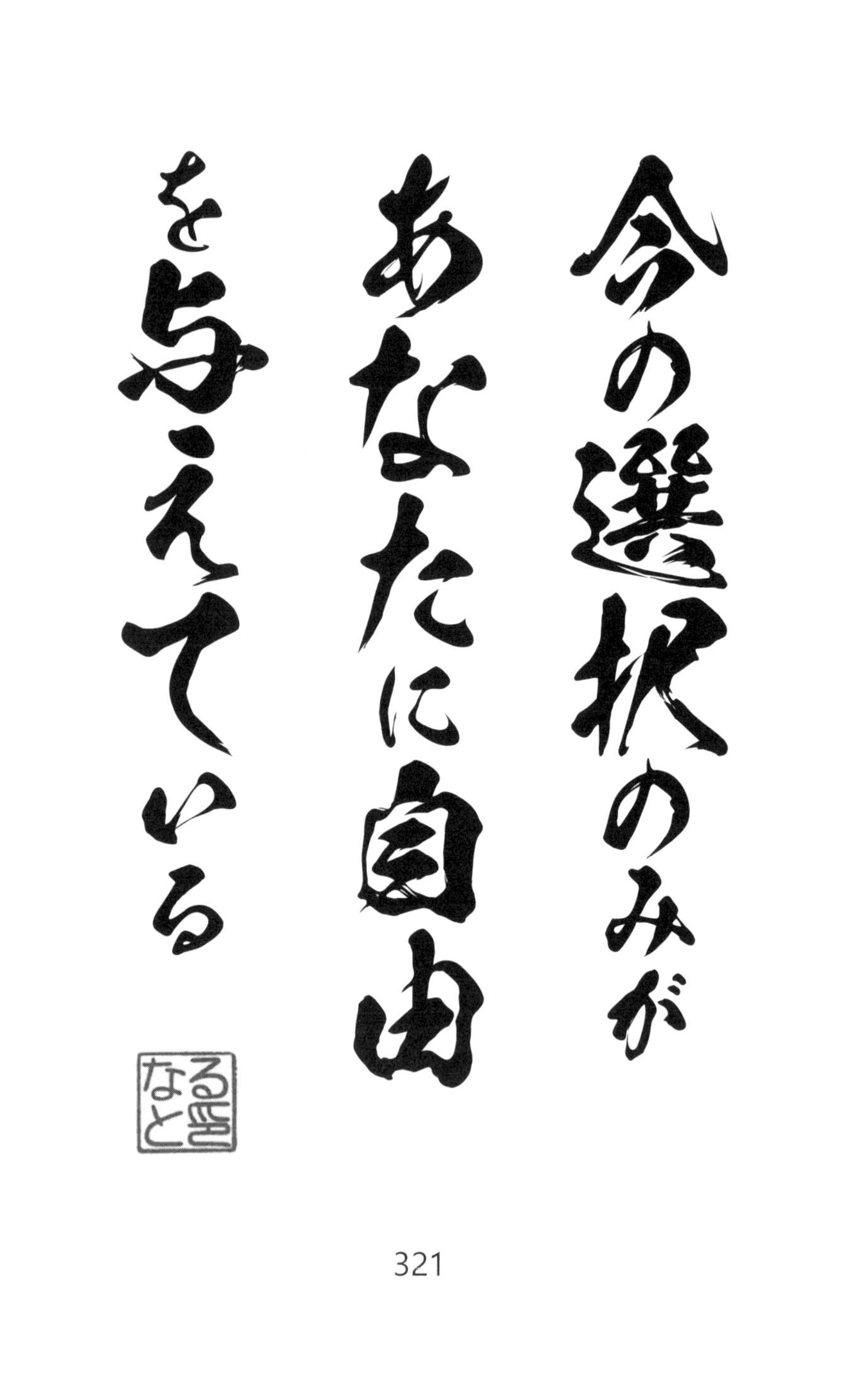

今の選択のみが
あなたに自由
を与えている

るなと

今日という日は
誰かにとって、
人生の最初の日であり
人生の最後の日であり
人生の記念すべき日なんだ

直感が冴える人の特徴3選

- いまと向き合っている
- 自分と向き合っている
- 真理と向き合っている

るなと

芯をもつと神（シン）と繋がる

芯は軸となり、大宇宙

と地球と我と神を繋ぐ

自らの決定に100%責任をもつ

るなと

人は考えていること
しか言葉にできない
人は見たことのあるもの
しか創造できない
だから見て感じて考えて
言葉にするのだ

人生の悟りに
終わりはない
学びは永遠だ！

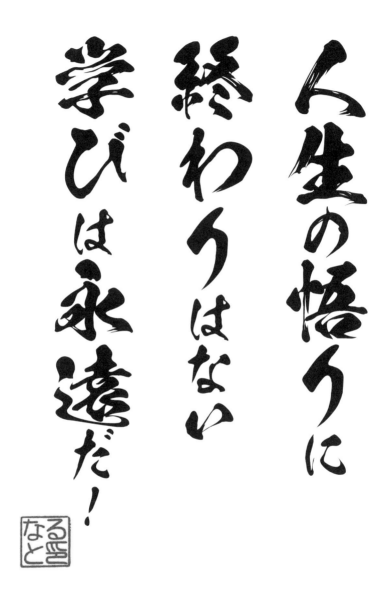

他人を責めない
他人と比べない
他人を批判しない
他人を束縛しない
他人を過度に意識しない
他人はあなたの世界を生きていない

外側の情報は
他人が作っている
あなたの内側は
あなたしか知らない

人生を快適に生きる
上でまず大切なことは
魂の声を聴いてあげる事

るもなと

病気は気づきであり、調子
の悪さは魂からのサイン
人は必ず老いて病になり
やがて死ぬもの
だから生かされている
ことに感謝する

るなと

幸福になる自由も
不幸になる自由も
あなたは持っている

生まれるときは
泣いて生まれてきた
だから死ぬときは
笑って死にたい

る
なと

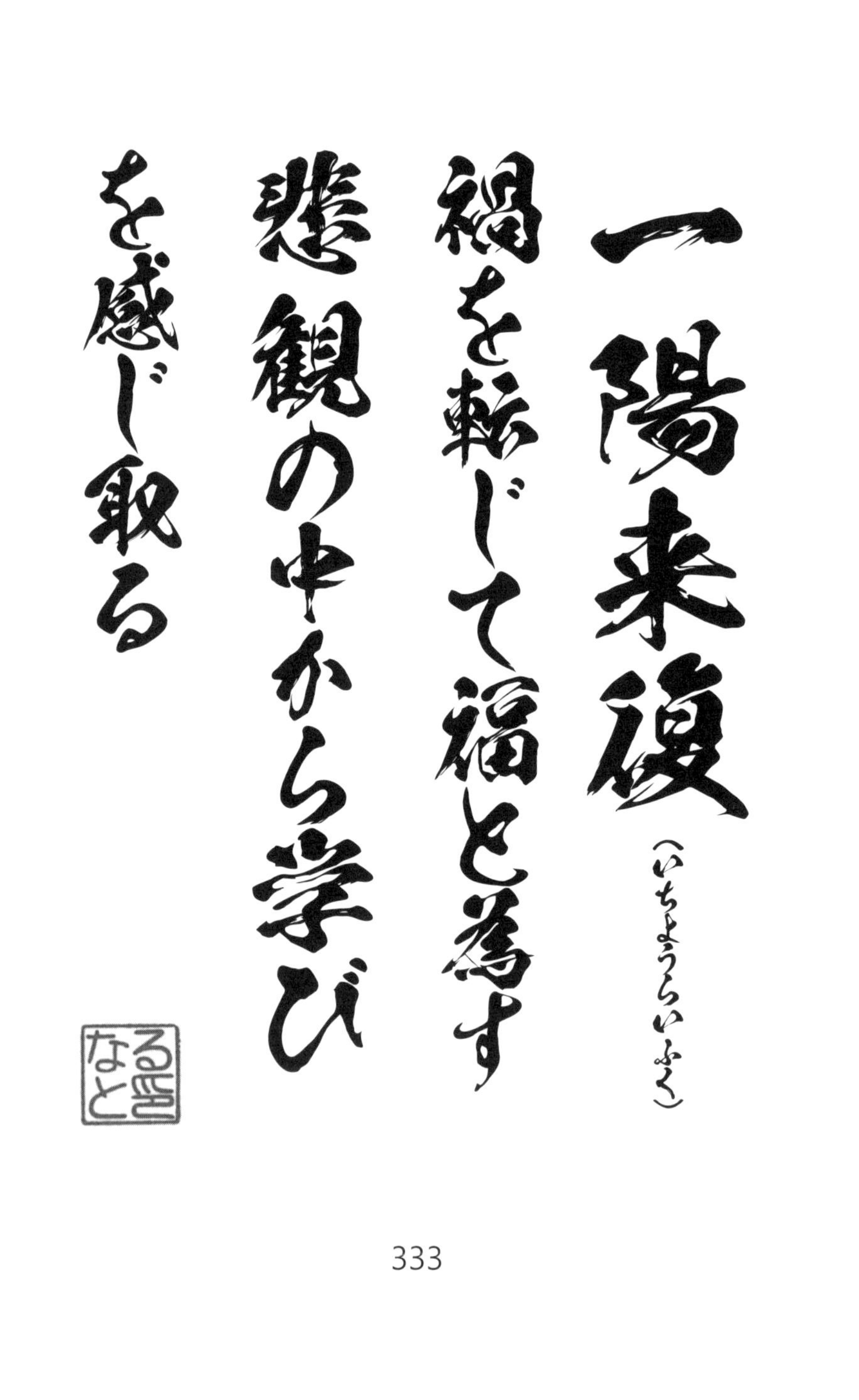

一陽来復（いちようらいふく）

禍を転じて福と為す
悲観の中から学び
を感じ取る

リラックスして
ワクワクして
ドキドキして
嫌なことも受容して
生きてみたら最高だぞ！

あなたは貴重な存在

あなたはそのままでいい

あなたはありのままでいい

今のあなたが100点満点

るなと

この世界の真実
あなたが
あなたの世界を
創っているんだよ

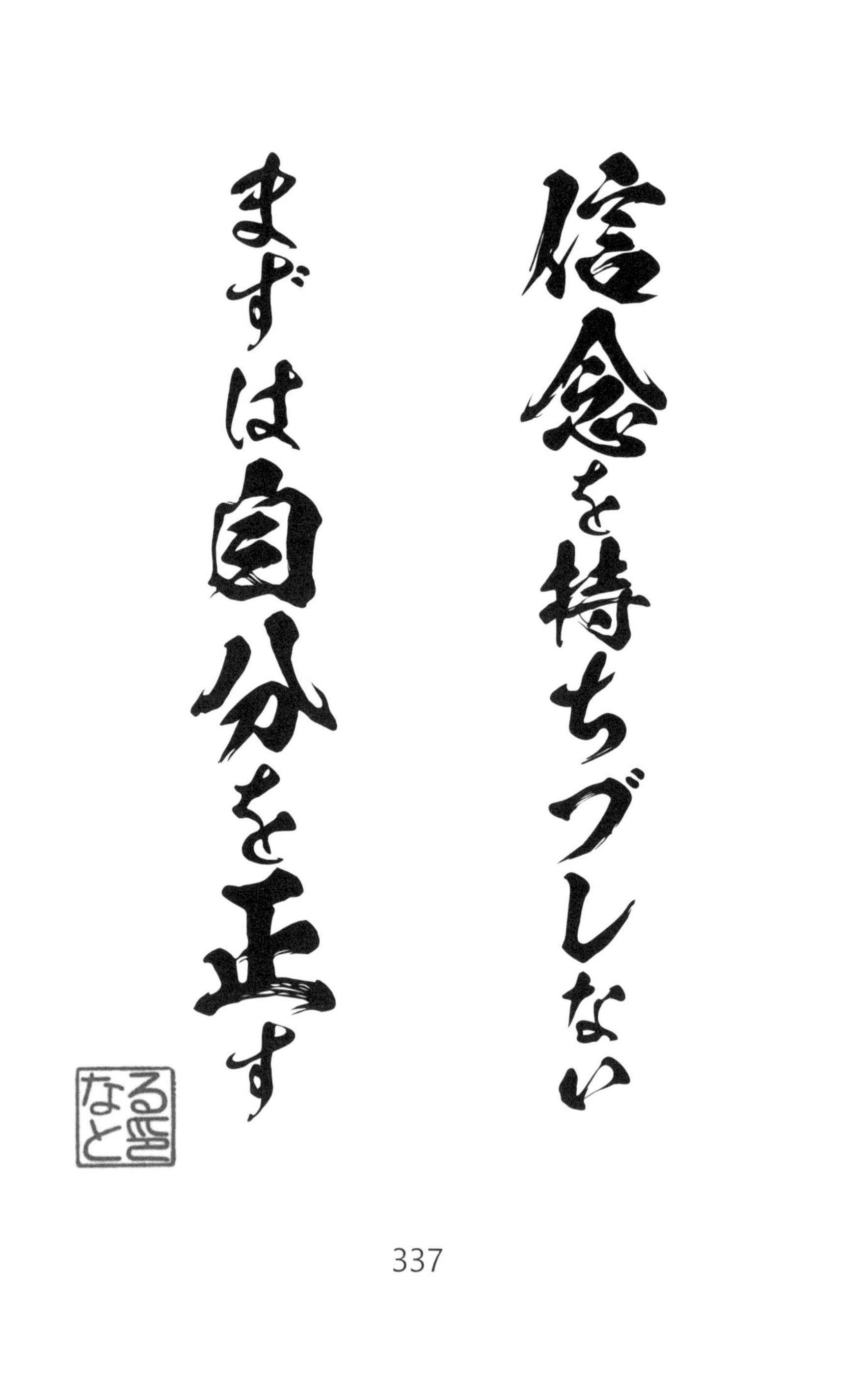

信念を持ちブレない
まずは自分を正す

るなと

悩んでいる時に
離れていく人
傍にいてくれる人
好調な時に
近づいてくる人

るみなと

正論は時として
軋轢を生む
自分と違う意見
を尊重する

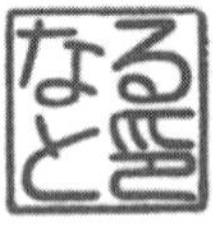

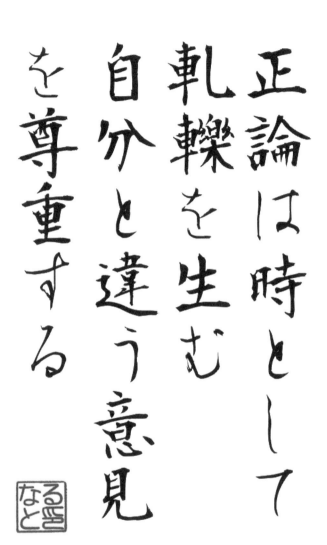

悩みが消える
魔法の法則3選

・場所を変えてやり直す

・まずできることから始める

・漠然と悩まずに具体的に考える

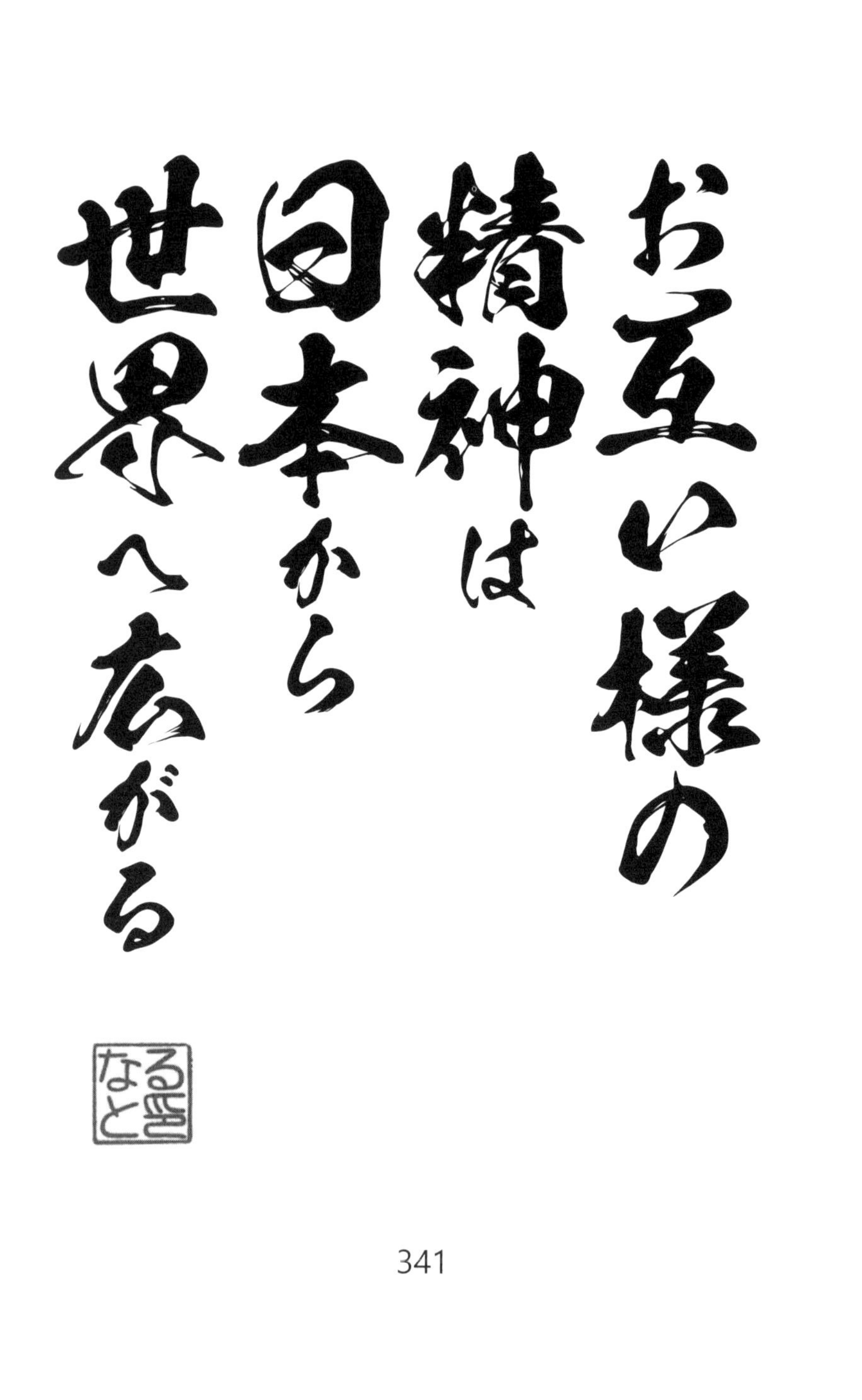

お互い様の
精神は
日本から
世界へ広がる

大切なことは午前中にやる
脳は夜には働きにくい
朝が最も生産性を高められる
起きてから6時間が勝負

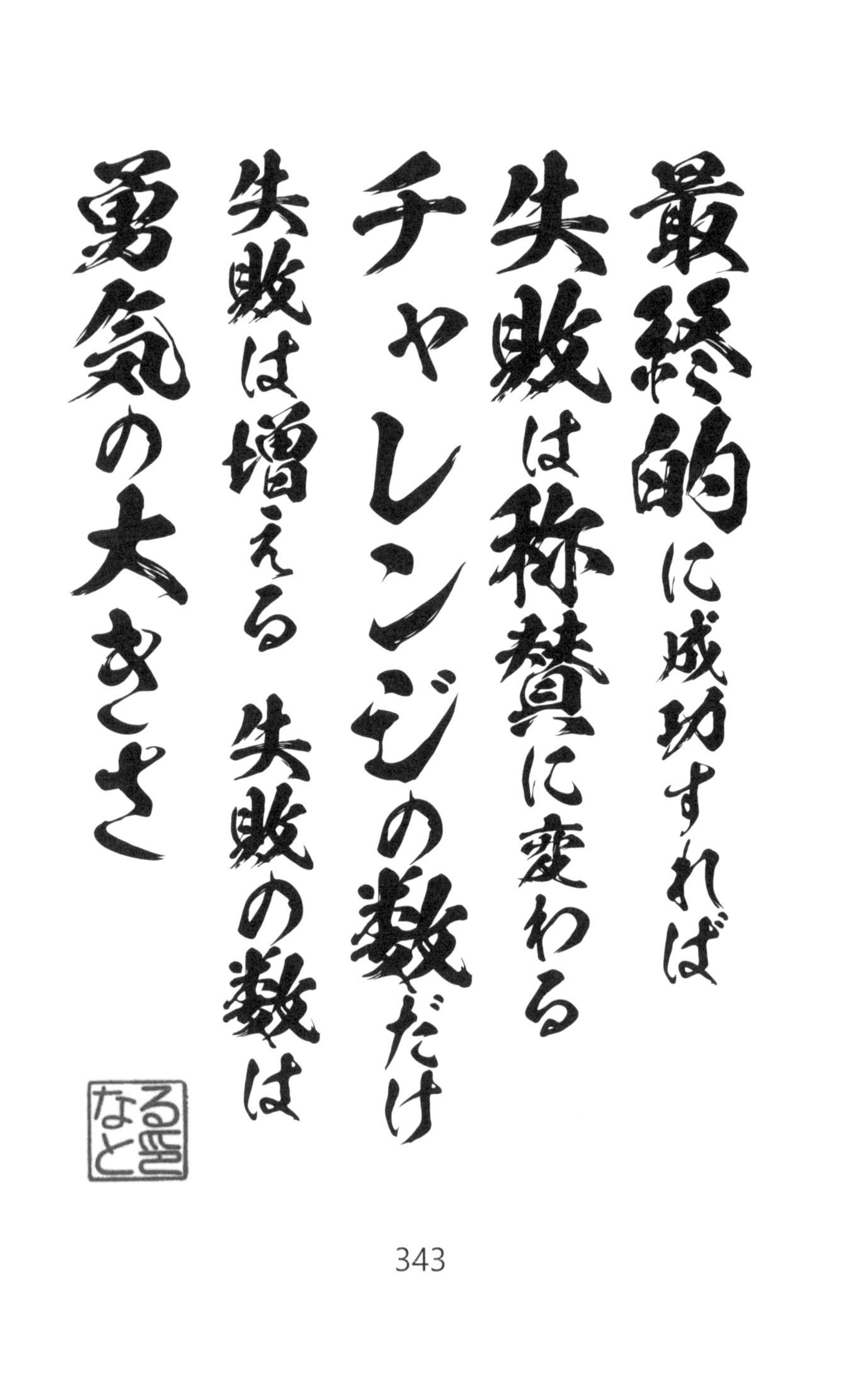

最終的に成功すれば
失敗は称賛に変わる
チャレンジの数だけ
失敗は増える　失敗の数は
勇気の大きさ

る
なと

悩みの9割が人間関係
悩みを手放すコツ4選

- 余計なことを言わない
- 余計な期待をかけない
- 余計な距離を縮めない
- 余計な時間を使わない

るなと

幸せの神様は
自由で平等で平和な
社会を望んでいる

幸せの神様は
地球の人々は
みな兄弟である事を
知っている

幸せの神様は
あなたが成功できる
ことを知っている

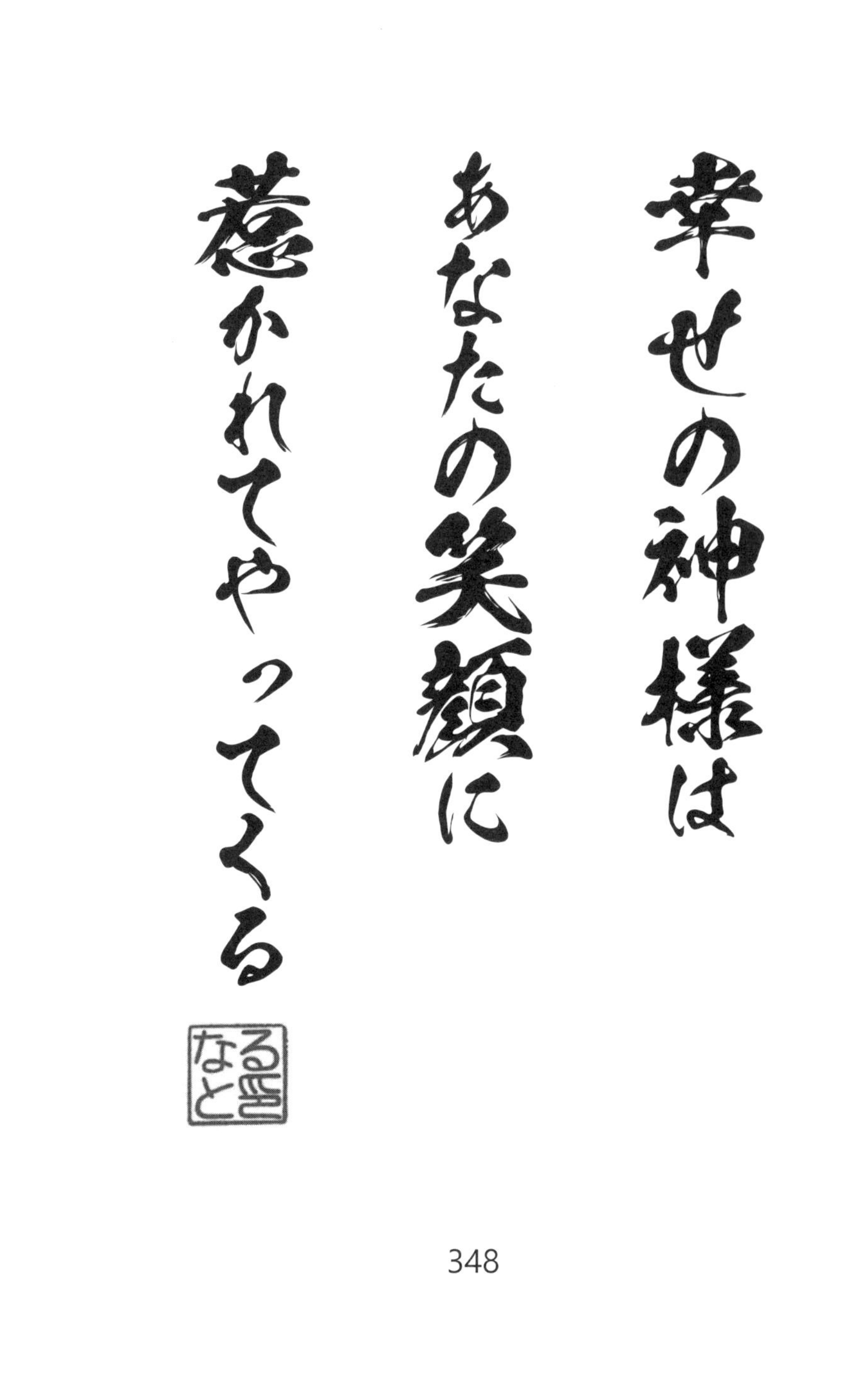

幸せの神様は
あなたの笑顔に
惹かれてやってくる

る
なと

挨拶の語源は禅問答
一挨一拶（いちあいいっさつ）
挨は「推す」拶は「逼（せま）る」
挨拶に始まり挨拶に終わる
真理にたどり着くには挨拶から

ありがとう
いただきます
ごちそうさまでした
ごめんなさい
どういたしまして

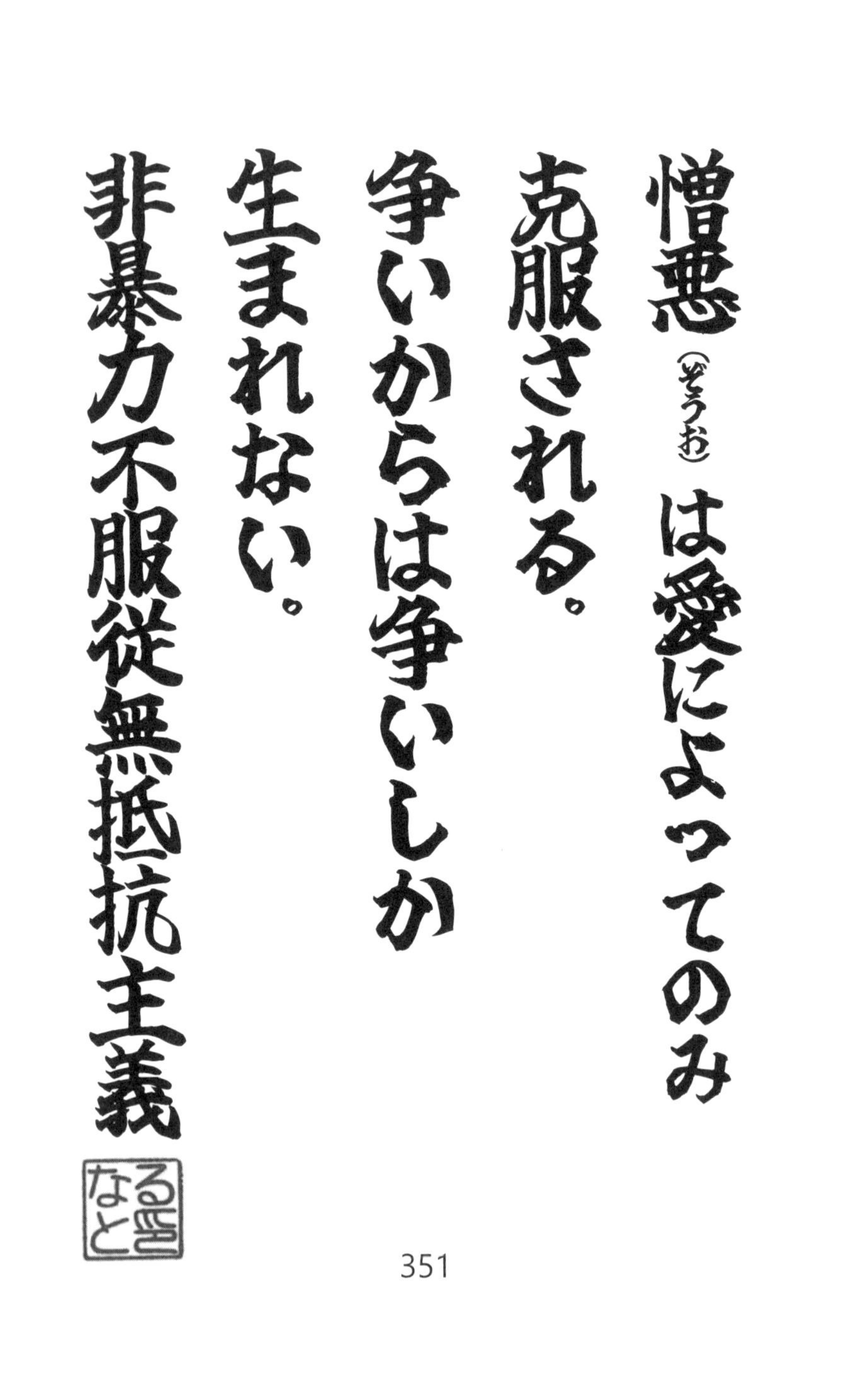

憎悪（ぞうお）は愛によってのみ
克服される。
争いからは争いしか
生まれない。
非暴力不服従無抵抗主義

るなと

他者に理解してもらえ
ない時の捉え方3選

・波動が異なることを認める

・考え方も性格も違う
ことを認める

・相手が経験から学び
たいのだと認める

るみこ
なと

楽しい時は時間が早く進む
好きなことをしている時も
時間が早く進む
相対的に時間が早く進む場合
精神的には苦しまない
それが心理的な相対性理論

自分が体験する世界は
すべて自分の内面が
創り出している

上手くいかないことが
続く時は
方向転換の
サインなの？

余命1年だとしたら
今すぐやりたいこと5選
・多くの人に感謝の言葉を伝える
・知らない世界に旅をする
・会いたい人に会う
・生きた証を残す
・毎日を笑って過ごす

るなと

自分と繋がり
ただ闇雲に頑張
れば、一筋の
光は見えてくる

他人の意見が気になってしまう

人に贈る捉え方4選

・不要な情報を遮断する

・自分と他人は違って当たり前

・認められたい気持ちを捨てる

・他人は案外気にしていない

上善（じょうぜん）水の如し
水は最も理想的な生き方である
水はあらゆるものに恩恵を
与え、他のものとは争わない
柔軟であり、謙虚であり、
エネルギーに満ちている

るなと書

主観視と
客観視と
宇宙的観点
3つの視点をもつ

るみ
なと

あなたの魂はあなたの
発する嘘や愚痴を
すべて聴いている
他人も自分も区別せず
それを叶えようとする

愛こそ
全て

比べることが
争いや
苦しみを
生んでいる

誰かが君を嫌いになり
誰かが君を好きになり
誰かが君を必要とする

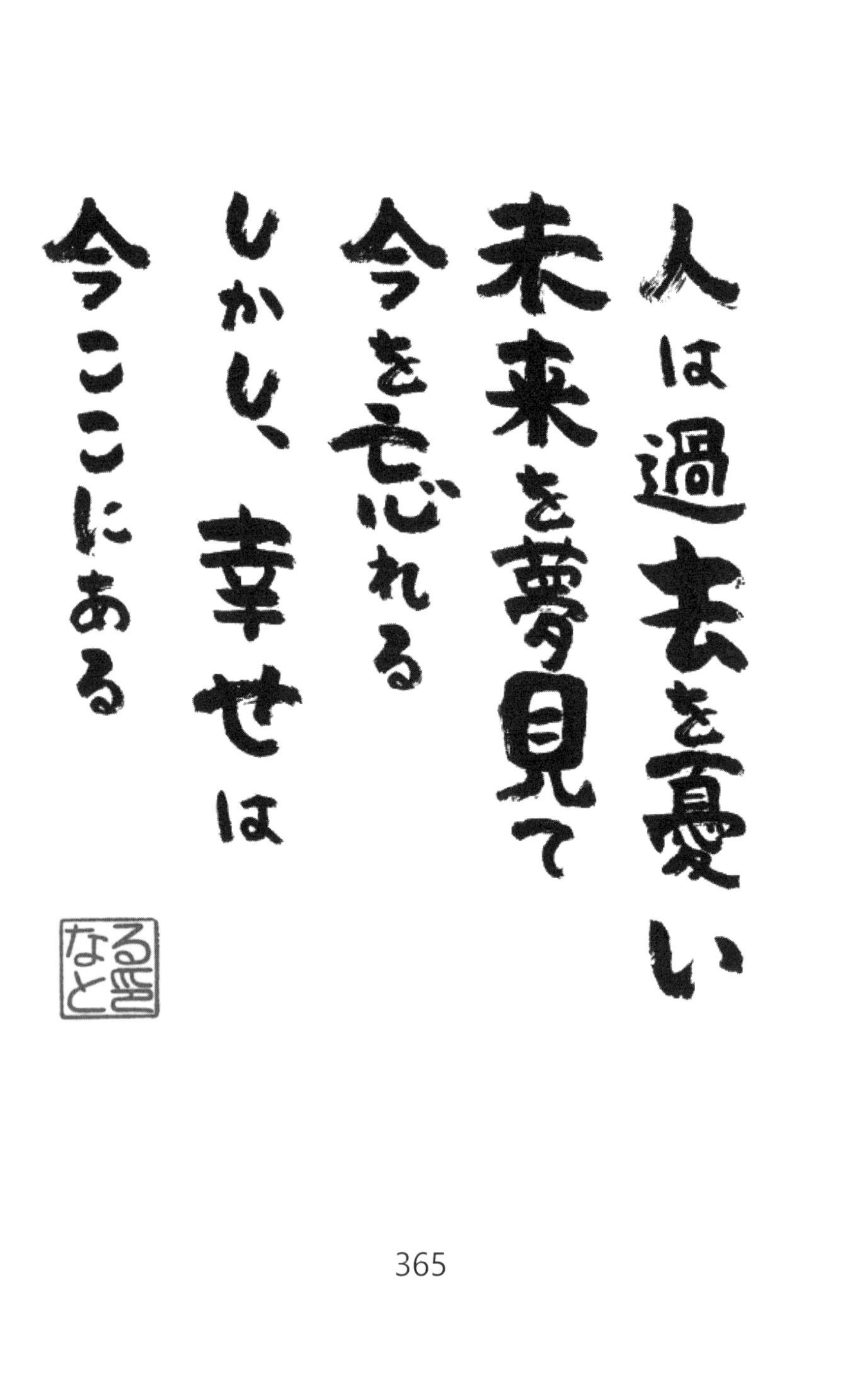

人は過去を憂い
未来を夢見て
今を忘れる
しかし、幸せは
今ここにある

おわりに

一年３６５日、私たちは日々、この瞬間を生きています。

近代国家が始まってまだ１５０年程ですが、世の中は今日に至るまでに急速に発展を遂げてきました。

しかし一方で、便利になるほど、物が溢れるほど、経済的に豊かになるほど、人々は自分を失い、行き場を失い、生きる術を見失っているかに思えます。どこかに心が置き去りにされている気がしてなりません。

心を亡くすと書いて「忙しい」と読みますが、毎日の生活に追われていると、「気が付いたらこんな年齢になっていた」なんてことになりかねません。

自分と向き合うことを怠っていると、最後には虚しさだけが残るでしょう。

だから、自分の人生の終わりが分からないからこそ、一生の中の与えられた一日を、与えられた時間を、与えられた瞬間を、大切に生き切っていきたいものです。

最後になりましたが、出版に際し協力をしてくれた家族やその他の関係者の皆様に心からお礼申し上げます。

成《な》龍《る》杜《と》

なると

【著者紹介】

成龍杜《なると》

1979年、埼玉県生まれ。
株式会社なると未来書店 代表取締役社長。
オンラインで、サロン「なると塾」、教育事業「キッズスクール」を主宰。
大学卒業後、官公庁に18年間勤め、40歳で独立し、現在は、講演家、著述家、心理カウンセラー、プライベートバンカーとして活動。
心理カウンセリングをしながら、人生の自己実現や願望、奇跡を実現するためのセミナーや講演会を行う。
著書に、『意識革命～幸せも成功もすべてあなたの意識から生まれる～』『2072年から来た未来人と魂の教室（上巻）』『新世界で未来を拓く新しい生き方(神様からの伝言111）』
講演、セミナー等は会社HPにて　https://naruto777.com
Twitter　　　「成龍杜」　https://twitter.com/rutoo
YouTube　　　「なるとアカデミー」、「なると波動チャンネル」等

今を生きる365日

第1刷発行　2023年10月17日
著　者　成龍杜（なると）
カバー／デザイン　成龍杜（なると）
発行者　成龍杜（なると）
発行所／発売所　株式会社なると未来書店
https://naruto777.com/
印　刷／製　本　シノナ書籍印刷株式会社

ISBN 978-4-9912870-2-2